JN112873

シンプル英語だから
とっさに使える

観光客を助ける

英会話

濱﨑潤之輔 著

アルク

　日本を訪れる外国の方の数が増えてきています。1カ月あたりの訪日外国人数は、直近では新型コロナウイルス感染症拡大前の水準に戻ってきました。日本各地の観光地は、外国人観光客でにぎわうようになってきており、観光地だけでなく、街角でもその姿を目にすることが多くなってきました。

　そんな街角で、あるいは観光地で、外国人観光客が困っているらしい場面に出くわすことがあります。たとえば、街中で目的地にたどり着けない、駅構内で乗るべき電車やその乗り場が分からない、お店で買いたいものがうまく見つからない、飲食店で日本語のメニューしか用意されておらず注文できない、などといった状況です。最近は外国人観光客が多く訪れる場所には英語などの外国語の案内表示が増えていたり、スマートフォンである程度のことが調べられたりします。それでも、勝手の違う異国の地では、彼らには何かと困ることが起こるのでしょう。

　そんな姿を見かけたときに、なんとか少しでも力になりたい。でも、英語でどのように言えばいいのか分からない、相手に伝わるように説明する自信がない……。本書はそんな方々を読者対象に、困っている外国人観光客を手助けする、基本的な対応をする際に使う英語をまとめたものです。

　英語に苦手意識がある方、あるいは学生時代に学んで以降、ずっと英語から離れていた方を想定して、そうした方々が無理なく使えるように、1つの文のワード数はできるだけ少なくなるようにしました。1人ですべてを解決できなくても、一次的な対応をする場合に使える表現や、英語ができる人につないであげる際に使える表現

もたくさん収録しました。

　外国人観光客と比較的多く遭遇するであろう、駅、観光スポット、小売店、飲食店などの代表的な場面を選び、計240のフレーズとそのフレーズを使った対話例を収録しています。フレーズと対話例には音声もつけてあります。ぜひ何回も音声を聞いて、声に出してまねてみてください。トレーニングメニューも用意してあります。仕事などで忙しくて、なかなか学習時間を取りにくい方が多いと思いますので、「基本コース」「特訓コース」という2パターンのトレーニングを設けました。忙しいときには「基本コース」、時間に余裕があるときには「特訓コース」で練習を積んでいただければと思います。p. 7の「トレーニング方法」をご覧いただき、実際の場面をイメージしながら取り組んでください。

　本書はどこから読んでいただいてもよいですし、すべてのページを読んでいただかなくても構いません。ただ、Part 1だけはぜひ読んでみてください。「最初のひとこと」「相手の言葉が聞き取れない」「最後のひとこと」といった、どんな場面でも共通して使えるフレーズをまとめてあります。他は、あなたが必要と思う場面・遭遇しそうな場面だけに絞って読んでいただいても問題ありません。

　本書に掲載されているフレーズを覚えていただき、実際に街中で使っていただければ、たいへんうれしく思います。頑張っていきましょう、応援しています。

　2024年3月

　　　　　　　　　　　　　　　　　　　濱﨑潤之輔

目次

本書の構成、トレーニング方法

本編は7つのパート、計40のシーンに分かれています。各シーンはそれぞれ2つの見開き（計4ページ）で構成されています。各パートの最後には復習問題「もう一度チェック！」があります。

ワンポイントアドバイス
各文に含まれる、覚えておきたい重要単語や表現を説明。また、よく使われる類似表現も紹介しています。

相手のことばを理解するヒント
相手の文の文型や語句の意味などを説明。また、類似表現との違いなどを解説しています。

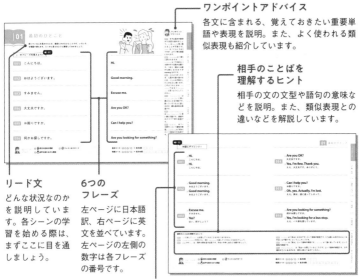

リード文
どんな状況なのかを説明しています。各シーンの学習を始める際は、まずここに目を通しましょう。

6つのフレーズ
左ページに日本語訳、右ページに英文を並べています。左ページの左側の数字は各フレーズの番号です。

対話例
1つ目の見開き「6つのフレーズを覚えよう！」のフレーズを使った対話例です。上段に英文、下段に日本語訳を並べています。

音声のダウンロードについて

本書の音声 🔊00 は、パソコンやスマートフォンに無料でダウンロードできます。
本書の商品コードは「7024002」です。

パソコンでダウンロードする場合
以下の URL で「アルク・ダウンロードセンター」にアクセスの上、画面の指示に従って、音声ファイルをダウンロードしてください。
URL：https://www.alc.co.jp/dl/

スマートフォンでダウンロードする場合
右下の QR コード、または以下の URL から、学習用アプリ「booco」をインストールの上、ホーム画面下「さがす」から本書を検索し、音声ファイルをダウンロードしてください。
URL：https://booco.page.link/4zHd

※本サービスの内容は、予告なく変更する場合がございます。あらかじめご了承ください。

❶ 英文の意味を理解

「6つのフレーズを覚えよう！」「対話にチャレンジ！」の日本語訳と英文をしっかりと読んで、英文の意味を理解しましょう。「ワンポイントアドバイス」「相手のことばを理解するヒント」の解説もきちんと読んで理解し、英文の中に理解できないところがない状態にしてください。

❷ 音声を聞きながら黙読

音声を聞きながら英文に目を通しましょう。❶の段階で、英文の「意味」と「文字」をリンクさせることができました。ここでは「意味」と「文字」に「音」をリンクさせます。これを行うことによって英文を読んでも聞いても理解できる状態にしていきます。

❸ リッスン＆リピート

以下の「手順」にしたがって、リッスン＆リピートを行いましょう。回数は「6つのフレーズを覚えよう！」「対話にチャレンジ！」ともに下記のとおりです。なるべく同じ日に「6つのフレーズを覚えよう！」「対話にチャレンジ！」の両方をこなすことが望ましいです。「対話にチャレンジ！」は相手のフレーズもリピートしてみてください。リピートすることが、聞き取る力の向上にもつながります。

1. 基本コース 目標回数：各文3回　2. 特訓コース 目標回数：各文10回

手順

英文を見ながら音声を聞き、音声が終わった直後に、声に出して英文をリピート（音読）してください。できる限りナレーターの読み方のまねをするように心がけながら音読するのが上達のコツです。音声は1トラックに6つのフレーズ、または6つの対話と、各フレーズをリピートするための空白が収められています。慣れてきたら英文を見ないで、音声だけを使用してリッスン＆リピートを行ってみてください。

※ 「リッスン＆リピート」の音声再生には「booco」などのアプリを使用してください。音声再生アプリには自動リピート機能がありますので、その機能を使用して所定の回数を繰り返してください。

❹ 補充トレーニング

❶❷❸のトレーニングを終えて、時間に余裕がある方は、「6つのフレーズを覚えよう！」の左ページの日本語訳を見て、それを瞬時に英語にして話してみましょう。そして、機会があればぜひ、実際に使ってみることにチャレンジしてください。

PART

1

いろいろなシーンで
使えるひとこと

01 → 05

|01| 最初のひとこと

困っている人を見かけたとき、最初にかけるひとことです。いろいろな場面で使えます。とっさに言えるように練習しておきましょう。

6つのフレーズを覚えよう! 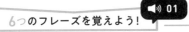 01

---

001 こんにちは。

---

002 おはようございます。

---

003 すみません。

---

004 大丈夫ですか。

---

005 お困りですか。

---

006 何かお探しですか。

トレーニング
メニュー

❶ 🔍英文の意味を理解
❷ 🧑音声を聞きながら黙読
❸ 🔁リッスン&リピート

Hi.

Good morning.

Excuse me.

Are you OK?

Can I help you?

Are you looking for something?

ワンポイント アドバイス

001 まずは基本の挨拶から会話を始めましょう。Hi. は Hey. に言い換えることが可能です。Hello. も「こんにちは」ですが、より丁寧な表現になります。

002 morning は「朝」と訳されますが、in the morning は「午前中に」を表すので注意が必要です。つまり、朝からお昼の12時になるまでが morning なのです。

003 人とぶつかったとき、人混みを通り抜けるとき、くしゃみや咳をしたときなどに使います。このようなときは、I'm sorry. ではなく Excuse me. と言うようにしてください。

004 Are you OK? は Are you all right? と言い換えることも可能です。困っていそうな人に話しかける、最も基本的な表現です。

005 Can I help you? は May I help you? に言い換え可能です。後者の方がより丁寧な表現です。

006 look for ... は「〜を探す」という意味の表現。something は「何か」という意味の代名詞です。

2 駅・街中

3 観光スポット

4 小売店

5 飲食店

6 気持ちを表す

7 もしものとき

基本コース：❶❷❸／❸ ＝ 各文3回 ☐☐☐
特訓コース：❶❷❸／❸ ＝ 各文10回 ☐☐☐☐☐☐☐☐☐☐

対話にチャレンジ！

001

A **Hi.**
こんにちは。

B **Hi.**
こんにちは。

002

A **Good morning.**
おはようございます。

B **Good morning.**
おはようございます。

003

A **Excuse me.**
すみません。

B **Yes?**
はい、何でしょう？

相手のことばを理解するヒント

001 Hi. に対して Hello. と応答してくれることも少なくありません。

002 Good morning. の代わりに、短く Morning. と返してくれることもあるでしょう。

003 ここでの Yes? は、用件を聞き返す応答です。手伝いの申し出などを続けましょう。

トレーニング
メニュー

❶ 🕐 英文の意味を理解
❷ 🧍 音声を聞きながら黙読
❸ 🎧 リッスン＆リピート

1 ひとこと

2 駅・街中

3 観光スポット

4 小売店

5 飲食店

6 気持ちを表す

7 もしものとき

004

A **Are you OK?**
大丈夫ですか。

B **Yes, I'm fine. Thank you.**
ええ、大丈夫です。ありがとう。

005

A **Can I help you?**
お困りですか。

B **Oh, yes. Actually, I'm lost.**
ええ。実は、道に迷ってしまって。

006

A **Are you looking for something?**
何かお探しですか。

B **Yes, I'm looking for a bus stop.**
ええ、バス停を探しています。

004 I'm fine. は「(私は) 大丈夫です」という意味の表現です。「ご心配には及びません」「お手伝いは不要です」というニュアンスです。
005 actually は「実は」という意味の単語です。I'm lost. は「道に迷っています」という意味の表現です。
006 I'm looking for ... は「私は〜を探しているところです」という意味の表現です。その場所がどこにあるのかを、相手に教えてあげてください。

基本コース：❶❷❸／❸ = 各文3回 □□□
特訓コース：❶❷❸／❸ = 各文10回 □□□□□□□□□□

|02 手伝いを申し出る

困っている様子の人に、手伝いなどを申し出るときの表現です。「最初のひとこと」に続けて言ってみましょう。

6つのフレーズを覚えよう！

007 何かお手伝いできることはありますか。

008 お手伝いしますよ。

009 どのようにお手伝いしましょうか。

010 ご案内（行き方を説明）します。

011 私は田中博といいます。

012 英語を話しますか。

トレーニング
メニュー

❶ 🕐 英文の意味を理解　　❸ ⚡ リッスン＆リピート
❷ 🧍 音声を聞きながら黙読

14

Is there anything I can do?

I can help you.

How can I help you?

I'll show you the way.

I'm Hiroshi Tanaka.

Do you speak English?

1 ひとこと

2 駅・街中

3 観光スポット

4 小売店

5 飲食店

6 気持ちを表す

7 もしものとき

ワンポイント
アドバイス

007 Is there ...? は「〜 は あ り ま す か」、anything は疑問文の中では「何か」という意味。その後ろに、I can do「私ができる」という主語＋動詞から成る説明が続き、「どんな何か」を表しています。

008 can は「〜できる」や「〜する可能性がある」という意味の助動詞で、後ろには動詞の原形（辞書に載っている基本の形）が続きます。助動詞は「話し手の主観」を表します。

009 how は「どのようにして」という意味の疑問詞です。この文は How may I help you? と言い換えることも可能です。

010 show you the way は「あなたに道を教える」という意味の表現です。I'll は I will「私は〜するつもりだ」の短縮形です。

011 I'm Hiroshi. とは言いますが、I'm Tanaka. とは言わないのが普通です。

012 Do you ...? は「あなたは〜しますか」と尋ねる疑問文です。この問いかけに対しては Yes, I do.「はい、します」か No, I don't.「いいえ、しません」で応答します。

基本コース：❶❷❸／❸ ＝ 各文3回 ☐☐☐

特訓コース：❶❷❸／❸ ＝ 各文10回 ☐☐☐☐☐☐☐☐☐☐

04

対話にチャレンジ！

007

A **Is there anything I can do?**
何かお手伝いできることはありますか。

B **No, we're fine, thanks.**
いいえ、大丈夫です。でも、ありがとう。

008

A **I can help you.**
お手伝いしますよ。

B **Oh, that's very kind of you.**
ああ、ご親切に。

009

A **How can I help you?**
どのようにお手伝いしましょうか。

B **Could you help me buy this ticket?**
このチケットを買っていただけませんか。

相手のことばを理解するヒント

007 we're fine は「(私たち は) 大丈夫です」、つまり手伝いは必要ないという意味です。
008 親切にしてくれる相手に対して that's very kind of you「とても親切ですね」と感謝を伝える表現です。
009 Could you help me buy ...? は「～を買うのを手伝ってくれませんか」という意味の表現です。

トレーニングメニュー
1 英文の意味を理解
2 音声を聞きながら黙読
3 リッスン&リピート

1 ひとこと

2 駅・街中

3 観光スポット

4 小売店

5 飲食店

6 気持ちを表す

7 もしものとき

010

A **I'll show you the way.**
ご案内（行き方を説明）します。

B **Yes, thank you.**
ええ、ありがとう。

011

A **I'm Hiroshi Tanaka.**
私は田中博といいます。

B **I'm Paula West. Nice to meet you.**
私はポーラ・ウエストといいます。よろしく。

012

A **Do you speak English?**
英語を話しますか。

B **Yes, I do.**
ええ、話します。

010 好意が不要であれば、No, thank you.「いいえ、結構です」と応答されます。
011 同じように名乗り、Nice to meet you.「お会いできてよかったです」と応答するのが基本です。
012 Do you ...?「あなたは〜しますか」に対しては、Yes, I do.「はい、します」か No, I don't.「いいえ、しません」のいずれかで応答するのが基本です。

基本コース：①②③／❸ ＝ 各文3回 □□□
特訓コース：①②③／❸ ＝ 各文10回 □□□□□□□□□□

|03 相手の言葉が 聞き取れない

困っている様子の人に声をかけて話し始めましたが、相手の言葉がよく聞き取れません。そんなケースで使える表現です。

6つのフレーズを覚えよう！ ◀》 05

013 すみません、聞き取れませんでした。

014 ゆっくり話してもらえますか。

015 もう一度言ってください。

016 （質問の答えを知らないので）わかりません。

017 この翻訳機に話してください。

018 私は英語があまりできません。

トレーニング
メニュー

❶ 👁 英文の意味を理解 ❸ 🎧 リッスン&リピート
❷ 👥 音声を聞きながら黙読

013 couldn't は「〜で
きなかった」という意味
の助動詞で、後ろには動
詞の原形が続きます。こ
こでの that は「相手が
話したこと・内容」を指
します。

014 more slowly は
「もっとゆっくり」とい
う意味の表現です。文末
に , please「お願いしま
す」を付けると、丁寧な
言い方になります。

015 ここでの that も
「相手が話したこと・内
容」を表します。again
「再び」は副詞です。副
詞は、他の語などを修飾
するはたらきを持ちま
す。

016 I don't know. は I
have no idea. と言い換
えることが可能です。

017 speak into ... は
「〜（の中）に向かって
話す」という意味。
translation device は「翻
訳機」です。

018 isn't は is not の
短縮形で「（前後が）イ
コールではない」ことを
表します。not very ... の
「あまり〜ではない」と
いう意味を押さえておい
てください。

Sorry, I couldn't catch that.

Can you speak more slowly, please?

Can you say that again, please?

I don't know.

Please speak into this translation device.

My English isn't very good.

基本コース：❶❷❸／❸ ＝ 各文3回 ☐☐☐
特訓コース：❶❷❸／❸ ＝ 各文10回 ☐☐☐☐☐☐☐☐☐☐

対話にチャレンジ！

013

A **Sorry, I couldn't catch that.**
すみません、聞き取れませんでした。

B **OK, I'll slow down.**
ああ、ゆっくり話しますね。

014

A **Can you speak more slowly, please?**
ゆっくり話してもらえますか。

B **Sure.**
わかりました。

015

A **Can you say that again, please?**
もう一度言ってください。

B **OK.**
はい。

相手のことばを理解するヒント

013 ここでの slow down は「(話すのを) ゆっくりにする」という意味で使われています。
014 ここでの Sure. は「わかりました」という意味で使われています。相手の問いかけに対して「承知しました」という意思を表す際に使うのが基本です。
015 OK. は Okay. と綴られることもあります。

トレーニング
メニュー

❶ 🔈 英文の意味を理解　　❸ 🎤 リッスン＆リピート

❷ 👤 音声を聞きながら黙読

016

A **I don't know.**

（質問の答えを知らないので）わかりません。

B **Oh, that's all right.**

ああ、構いませんよ。

017

A **Please speak into this translation device.**

この翻訳機に話してください。

B **OK, I'll try.**

では、やってみます。

018

A **My English isn't very good.**

私は英語があまりできません。

B **Oh, don't worry.**

ああ、心配しないで。

---

016 ここでの that's all right は「（あなたが申し訳なく思う必要はありません）大丈夫ですよ」という意味で使われています。

017 try は「やってみる」という意味の単語です。

018 don't worry は「心配しないで」という意味の表現です。相手への気遣いを表しています。

基本コース：①②③／③ ＝ 各文3回 　□□□

特訓コース：①②③／③ ＝ 各文10回 　□□□□□□□□□□

|04 確認する・待ってもらう

誰かに確認したり、調べたりするために待ってもらう必要がある場合の表現です。そばに英語が話せる人がいれば、助けてもらいましょう。

6つのフレーズを覚えよう！ 🔊 07

019 少し待ってください。

---

020 係員に聞いてみます。

---

021 電話で聞いてみます。

---

022 スマホで調べてみます。

---

023 私の説明はわかりますか。

---

024 英語を話せる人を連れてきます。

トレーニングメニュー

❶ 🔵 英文の意味を理解　❸ 🔵 リッスン＆リピート
❷ 📖 音声を聞きながら黙読

1 ひとこと

2 駅・街中

3 観光スポット

4 小売店

5 飲食店

6 気持ちを表す

7 もしものとき

Please wait a minute.

I'll ask someone.

I'll call and ask.

I'll check on my phone.

Do you know what I mean?

I'll get someone who speaks English.

ワンポイント
アドバイス

019 Just a minute. と言い換えることも可能です。

020 この I'll ask someone. は I will ask someone who works here.「ここで働いている誰かに聞いてみます」を簡略化した表現です。

021 call and ask は「電話をかけて尋ねる」という意味です。

022 check on my phone「私のスマホで調べる」は日常で頻出する重要表現。check with somebody「人に確認する」と共に押さえておいてください。

023 what I mean は「私が意味していること」、つまり「私の説明」を表します。know の後ろには名詞の他、名詞句（句は2語以上の表現）や名詞節（節は主語＋動詞を含む表現）も続きます。what I mean は名詞節です。

024 この get は「（人を）連れてくる」という意味です。who speaks English「英語を話す」は関係代名詞節で、人を表す単語の後ろに置かれ、その人を説明しています。

基本コース： ❶❷❸／❸ ＝ 各文3回 □□□

特訓コース： ❶❷❸／❸ ＝ 各文10回 □□□□□□□□□□

対話にチャレンジ！

019

A **Please wait a minute.**
少し待ってください。

B **OK.**
わかりました。

020

A **I'll ask someone.**
係員に聞いてみます。

B **Thank you.**
ありがとう。

021

A **I'll call and ask.**
電話で聞いてみます。

B **Thank you so much.**
ありがとうございます。

相手のことばを理解するヒント

021　so much は「非常にたくさん」という意味の表現です。単なる Thank you. ではなく、より大きい感謝を伝えたいときに使う表現です。

トレーニング
メニュー

❶ 英文の意味を理解　　❸ リッスン＆リピート
❷ 音声を聞きながら黙読

1 ひとこと

2 駅・街中

3 観光スポット

4 小売店

5 飲食店

6 気持ちを表す

7 もしものとき

022

A **I'll check on my phone.**
スマホで調べてみます。

B **That's really helpful.**
とても助かります。

023

A **Do you know what I mean?**
私の説明はわかりますか。

B **Actually, I don't quite understand.**
実は、よくわかりません。

024

A **I'll get someone who speaks English.**
英語を話せる人を連れてきます。

B **That would be great.**
そうしてもらえるとありがたいです。

---

022 really helpful は「本当に助かる」という意味の表現です。
023 actually は「実は」、quite は否定文の中では「完全に〜というわけではない」という意味になります。
024 would は「〜だろう」、great は「素晴らしい」という意味の単語です。

基本コース：❶❷❸／❸ ＝ 各文3回 □□□
特訓コース：❶❷❸／❸ ＝ 各文10回 □□□□□□□□□□

|05 最後のひとこと

用事が終わったときの最後のひとことです。「最初のひとこと」と同じように、さっと言えるように練習しておきましょう。

6つのフレーズを覚えよう! 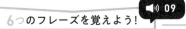 09

025 それでは。

026 いい1日を。

027 お気をつけて。

028 日本滞在を楽しんでください。

029 楽しい旅を。

030 メールアドレスを交換しましょう。

トレーニング
メニュー

❶ 🐸 英文の意味を理解　　❸ 🕓 リッスン&リピート
❷ 🧑 音声を聞きながら黙読

1 ひとこと

2 駅・街中

3 観光スポット

4 小売店

5 飲食店

6 気持ちを表す

7 もしものとき

Bye.

Have a good day.

Take care.

Enjoy your stay in Japan.

Have a nice trip.

Can we exchange email addresses?

ワンポイント
アドバイス

025 Bye for now.「それではまた、じゃあね」という表現もセットで押さえておいてください。

026 Have a good day. は Have a nice day. と言い換えてもよいでしょう。人との別れ際に使ってください。

027 Take care and talk to you later.「じゃあまた後でね」も押さえておいてください。相手に近々再会する予定があるなら、こちらの方がよいでしょう。

028 Japan「日本」を、場所を表す様々な単語（Tokyo や Osaka などの都市名でもよいでしょう）に替えて使ってみてください。

029 Have a good day. や Have a nice day. は「その日1日」に関して、Have a nice trip. は「旅行中で、なおかつもう会うことがないであろう相手」に対して使うとよいでしょう。

030 email は e-mail とも表します。交換するには2つのアドレスが必要なので、複数形 addresses が使われます。

基本コース：❶❷❸／❸ ＝ 各文3回 ☐☐☐
特訓コース：❶❷❸／❸ ＝ 各文10回 ☐☐☐☐☐☐☐☐☐☐

対話にチャレンジ！

025

A **Bye.**
それでは。

B **Bye.**
それでは。

026

A **Have a good day.**
いい1日を。

B **Thanks, you too.**
ありがとう、あなたもね。

027

A **Take care.**
お気をつけて。

B **Thanks, I will.**
ありがとう、気をつけます。

相手のことばを理解するヒント

025 別れ際に使う最もシンプルな表現です。

026 ここでの too は「〜も」という意味で使われています。

027 I will「私は〜するつもりだ」の後ろでは take care「気をつける」が省略されていると考えてください。

トレーニング
メニュー

① 🕐 英文の意味を理解
② 🧑 音声を聞きながら黙読
③ 🎧 リッスン＆リピート

1 ひとこと

2 駅・街中

3 観光スポット

4 小売店

5 飲食店

6 気持ちを表す

7 もしものとき

028

A **Enjoy your stay in Japan.**
日本滞在を楽しんでください。

B **Oh, I definitely will.**
ええ、目いっぱい楽しみます。

029

A **Have a nice trip.**
楽しい旅を。

B **Thanks.**
ありがとう。

030

A **Can we exchange email addresses?**
メールアドレスを交換しましょう。

B **Sure.**
いいですよ。

---

028 definitely は「確かに、間違いなく、必ず」という意味の単語です。I definitely will「私は必ず〜するつもりだ」の後ろでは enjoy my stay in Japan「（私の）日本滞在を楽しむ」が省略されています。

029 Thanks. は Thank you. よりもカジュアルな表現です。

030 Sure. は「承知しました」「もちろんいいですよ」という意思を表す応答です。

基本コース：❶❷❸／❸ ＝ 各文3回 ☐☐☐
特訓コース：❶❷❸／❸ ＝ 各文10回 ☐☐☐☐☐☐☐☐☐☐

( ) に入る語を答えてください。
( ) 1つに1語(I'mなどの短縮形を含む)が入ります。

001 こんにちは。　　　　　　　　　( ).

002 おはようございます。　　　　　( ) ( ).

003 すみません。　　　　　　　　　( ) ( ).

004 大丈夫ですか。　　　　　　　　Are you ( )?

005 お困りですか。　　　　　　　　Can I ( ) ( )?

006 何かお探しですか。　　　　　　Are you ( ) ( ) something?

007 何かお手伝いできることはありますか。　Is there anything ( ) ( ) ( )?

008 お手伝いしますよ。　　　　　　I can ( ) ( ).

009 どのようにお手伝いしましょうか。　　( ) can I ( ) you?

010 ご案内（行き方を説明）します。　I'll show you ( ) ( ).

011 私は田中博といいます。　　　　( ) Hiroshi Tanaka.

012 英語を話しますか。　　　　　　Do you ( ) English?

013 すみません、聞き取れませんでした。　Sorry, I couldn't ( ) that.

014 ゆっくり話してもらえますか。　Can you speak ( ) ( ), please?

015 もう一度言ってください。　　　Can you say ( ) ( ), please?

016 （質問の答えを知らないので）わかりません。　I don't ( ).

017 この翻訳機に話してください。　Please ( ) ( ) this translation device.

018 私は英語があまりできません。　( ) ( ) isn't very good.

019	少し待ってください。	Please wait (　　) (　　).
020	係員に聞いてみます。	I'll (　　) someone.
021	電話で聞いてみます。	I'll (　　) and (　　).
022	スマホで調べてみます。	I'll (　　) on my phone.
023	私の説明はわかりますか。	Do you know what I (　　)?
024	英語を話せる人を連れてきます。	I'll (　　) someone who speaks English.
025	それでは。	(　　).
026	いい1日を。	(　　) a good day.
027	お気をつけて。	Take (　　).
028	日本滞在を楽しんでください。	Enjoy (　　) (　　) in Japan.
029	楽しい旅を。	(　　) a nice trip.
030	メールアドレスを交換しましょう。	Can we (　　) email addresses?

答え 019 a minute、 020 ask、 021 call、 ask、 022 check、 023 mean、 024 get、 025 Bye、 026 Have、 027 care、
028 your stay、 029 Have、 030 exchange

31

駅・街中で
教えてあげたい

06 → 15

|06 付近の駅までの 行き方（徒歩）

近くの駅へ向かっていて、道に迷った外国人旅行者に声をかけられました。最寄りの駅まで徒歩で行く道順を案内します。

6つのフレーズを覚えよう！ 🔊 11

031 ここからいちばん近い駅（へ行きたいん）ですね。

032 駅は向こうの方です。

033 ここから徒歩で5分です。

034 この道をまっすぐ行きます。

035 （次に）2つ目の信号を右折します。

036 すぐに駅が見えます。

トレーニング
メニュー

❶ 🕐 英文の意味を理解　　❸ 🎧 リッスン＆リピート
❷ 👤 音声を聞きながら黙読

34

1
ひとこと

2
駅・街中

3
観光スポット

4
小売店

5
飲食店

6
気持ちを表す

7
もしものとき

**ワンポイント
アドバイス**

031 The nearest station は「いちばん近い駅」、from here は「ここから」という意味です。文末に, right? を付けると「〜ですよね」という確認の意思を表せます。

032 in that direction「その方向に」と言いつつ、そちらを指差して話してあげるとよいでしょう。

033 a five-minute walk は「徒歩で5分（の距離）」という意味です。

034 down the street は「この道を先へ」。屋内で廊下の先を指す場合には、down the hallway「この廊下を先へ」を使います。hallway は「廊下」という意味です。

035 「〜番目」は first「1番目の」、second「2番目の」、third「3番目の」などの序数を使って表します。at the ... traffic light「〜番目の信号を」と組み合わせて使ってみてください。

036 right away は「すぐに」という意味です。see はここでは「〜が視界に入る」という意味で使われています。

The nearest station from here, right?

The station is in that direction.

It's a five-minute walk from here.

Go straight down the street.

Turn right at the second traffic light.

You'll see the station right away.

基本コース：❶❷❸／❸ = 各文3回 □□□

特訓コース：❶❷❸／❸ = 各文10回 □□□□□□□□□□

🔊 12

対話にチャレンジ！

031

A **The nearest station from here, right?**
ここからいちばん近い駅（へ行きたいん）ですね。

B **Yes, that's right.**
はい、そうです。

032

A **The station is in that direction.**
駅は向こうの方です。

B **That way. OK.**
向こうですね。なるほど。

033

A **It's a five-minute walk from here.**
ここから徒歩で5分です。

B **Oh, it's not that far, then.**
ああ、そんなに遠くないですね。

相手のことばを理解するヒント

031 that's right は「その通りです」という意味の表現です。相手の言っていることへの同意を表します。

032 That way. は「その方向ですね」という意味の表現です。「相手の道案内を理解した」ということを表します。

033 not that far は「それほど遠くない」、, then は「それなら」という意味の表現です。

トレーニング
メニュー

❶ 🕐 英文の意味を理解　　❸ 🕐 リッスン＆リピート
❷ 👥 音声を聞きながら黙読

36

1
ひとこと

2
駅・街中

3
観光スポット

4
小売店

5
飲食店

6
気持ちを表す

7
もしものとき

034

A **Go straight down the street.**
この道をまっすぐ行きます。

B **Go straight.**
まっすぐですね。

035

A **Turn right at the second traffic light.**
（次に）2つ目の信号を右折します。

B **The second traffic light.**
2つ目の信号ですね。

036

A **You'll see the station right away.**
すぐに駅が見えます。

B **I see. Thank you so much.**
わかりました。ありがとうございました。

---

034 この Go straight. は相手の言ったことを復唱して、「まっすぐ行くのですね」と確認しています。
035 相手が教えてくれた The second traffic light. を復唱して、確認するパターンの応答です。
036 I see. は「わかりました」という意味の応答です。see には「〜を見る」だけでなく、このように「〜を理解する」という意味があります。

基本コース：❶❷❸／❸ ＝ 各文3回 ☐☐☐
特訓コース：❶❷❸／❸ ＝ 各文10回 ☐☐☐☐☐☐☐☐☐☐

07 電車での目的地までの行き方（乗り換え含む）

外国人旅行者が目的の駅までの行き方がわからず困っているようです。電車を使った行き方を説明しましょう。

6つのフレーズを覚えよう！

037 銀座駅へ行くんですね。

038 およそ30分で着きます。

039 東西線に乗って日本橋へ行きます。

040 日本橋で銀座線に乗り換えます。

041 渋谷行きの銀座線に乗ります。

042 2つ目の駅が銀座です。

トレーニング
メニュー

❶ 英文の意味を理解
❷ 音声を聞きながら黙読
❸ リッスン＆リピート

1 ひとこと

2 駅・街中

3 観光スポット

4 小売店

5 飲食店

6 気持ちを表す

7 もしものとき

You're going to Ginza Station, right?

It takes about 30 minutes.

Take the Tozai Line to Nihonbashi.

Transfer to the Ginza Line at Nihonbashi.

Take the Ginza Line bound for Shibuya.

The second stop is Ginza.

ワンポイント
アドバイス

037 You're going to ... は「あなたは〜に向かっています」という意味で、文末の , right? は「〜ですよね」という確認を表しています。

038 It takes ＋時間で「(時間が) かかる」という意味になります。about は「約、およそ」、minute は「分」という意味です。

039 ここでの take は「(乗り物を) 利用する」という意味で使われています。take the A Line to B「A 線に乗って B へ行く」という表現を使いこなせるよう覚えてください。

040 transfer to the A Line は「A 線に乗り換える」という意味です。at の後ろに乗換駅を入れてください。

041 bound for A は「A 行きの」という意味です。まず Take the Ginza Line「銀座線に乗ってください」と伝え、「どちら方面行きなのか」という情報を後ろに置いて、説明を加えています。

042 この stop は「停車駅」という意味。second「2番目の」を適切な序数 (〜番目の) に替えて使ってください。

基本コース：①②③／③ = 各文3回 ☐☐☐

特訓コース：①②③／③ = 各文10回 ☐☐☐☐☐☐☐☐☐☐

対話にチャレンジ！

037

A **You're going to Ginza Station, right?**
銀座駅へ行くんですね。

B **That's right.**
そうです。

038

A **It takes about 30 minutes.**
およそ30分で着きます。

B **I see.**
なるほど。

039

A **Take the Tozai Line to Nihonbashi.**
東西線に乗って日本橋へ行きます。

B **Take the Tozai Line.**
東西線ですね。

相手のことばを理解するヒント

037 That's right. は「その通りです」という意味の表現です。相手の言っていることへの同意を表します。

038 I see. は「わかりました」という意味の応答です。日本語の「なるほど」もこれに相当します。

039 相手が教えてくれた Take the Tozai Line. を復唱して確認するパターンの応答です。

トレーニング
メニュー

① ⏰ 英文の意味を理解　③ 🎧 リッスン＆リピート
② 🗣 音声を聞きながら黙読

1 ひとこと

2 駅・街中

3 観光スポット

4 小売店

5 飲食店

6 気持ちを表す

7 もしものとき

040

A **Transfer to the Ginza Line at Nihonbashi.**
日本橋で銀座線に乗り換えます。

B **Transfer at Nihonbashi.**
日本橋で乗り換えですね。

041

A **Take the Ginza Line bound for Shibuya.**
渋谷行きの銀座線に乗ります。

B **Take the Ginza Line.**
銀座線に乗るんですね。

042

A **The second stop is Ginza.**
2つ目の駅が銀座です。

B **Perfect.**
バッチリです。

040 相手が教えてくれた Transfer at Nihonbashi. を復唱して確認するパターンの応答です。
042 Perfect. は「バッチリです」という、相手のアドバイスが本当に素晴らしいと感じた際に使う応答です。

基本コース：❶❷❸／❸ = 各文3回 □□□
特訓コース：❶❷❸／❸ = 各文10回 □□□□□□□□□□

08 切符の買い方1

券売機での切符の買い方を説明します。目的の駅までの運賃、券売機のタッチパネルの操作などを伝えましょう。

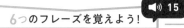

6つのフレーズを覚えよう！　◀》 15

---

043 券売機はあそこにあります。

---

044 （路線図を指しながら）銀座は200円です。

---

045 片道の料金です。

---

046 画面の「200」を押してください。

---

047 ここに200円を入れてください。

---

048 ここをタッチすると英語表示に切り換わります。

トレーニング　**①** 🔍英文の意味を理解　　**③** 🎧リッスン&リピート
メニュー　　　**②** 🗣️音声を聞きながら黙読

42

The ticket machines are over there.

It's 200 yen to Ginza.

It's a one-way fare.

Press "200" on the screen.

Put 200 yen in here.

Touch here for the English display.

1 ひとこと

2 駅・街中

3 観光スポット

4 小売店

5 飲食店

6 気持ちを表す

7 もしものとき

ワンポイント
アドバイス

043 ticket machines は「券売機」の複数形、are は「〜がある」という意味の be 動詞（is や are、am など）です。over there「向こうに、あそこに」は、話者から少し離れた場所を表します。

044 to Ginza は「銀座へ行くには」という意味です。

045 「片道の料金」は a one-way fare、「往復の料金」は a round-trip fare と表します。

046 券売機を指差しながら Press here on the screen.「画面のここを押してください」と指示してあげてもよいでしょう。press は「〜を押す」、on the screen は「画面上の」という意味です。

047 お金を入れるところを指しながら説明してあげるとよいでしょう。in here は「ここの中に」という意味です。

048 Touch here for ... は「〜を見るにはここに触れてください」という意味です。the English display は「英語表示」を表します。

基本コース：①②③／③ ＝ 各文3回 □□□
特訓コース：①②③／③ ＝ 各文10回 □□□□□□□□□□

043

A **The ticket machines are over there.**
券売機はあそこにあります。

B **OK.**
はい。

044

A **It's 200 yen to Ginza.**
（路線図を指しながら）銀座は200円です。

B **So, it's 200 yen.**
200円ですね。

045

A **It's a one-way fare.**
片道の料金です。

B **I see.**
なるほど。

相手のことばを理解するヒント

044 応答の文頭で使われている So は、「なるほど」という気持ちを表しています。
045 相手の話を理解した際は、I see. や OK. などを使って応答するのが基本です。

トレーニング
メニュー
❶ 🕐 英文の意味を理解　　❸ 🎵 リッスン＆リピート
❷ 🗣 音声を聞きながら黙読

1 ひとこと

2 駅・街中

3 観光スポット

4 小売店

5 飲食店

6 気持ちを表す

7 もしものとき

046

A **Press "200" on the screen.**
画面の「200」を押してください。

B **OK, I'll do that.**
はい、そうします。

047

A **Put 200 yen in here.**
ここに200円を入れてください。

B **In here, right?**
ここですね。

048

A **Touch here for the English display.**
ここをタッチすると英語表示に切り換わります。

B **Oh, that's good to know.**
ああ、それはいい情報です。

046 I'll do that. は「私はそうするつもりです」という意味の表現です。
047 文末の , right? は「～ですよね」と相手に念を押す際や、確認をする際に使われる表現です。
048 that's good to know は、直訳すると「それを知ってよかったです」という意味の表現です。

基本コース：❶❷❸／❸ = 各文3回 ☐☐☐
特訓コース：❶❷❸／❸ = 各文10回 ☐☐☐☐☐☐☐☐☐☐

09 切符の買い方2 ICカード

外国人旅行者向けのICカードは鉄道会社などが販売していますが、デポジットの有無や有効期限などはカードによって異なります。

6つのフレーズを覚えよう！ ◀)) 17

049 このICカードは外国人旅行者向けです。

050 観光案内所で買ってください。

051 デポジットは不要です。

052 500円のデポジットが必要です。

053 使用可能期間は28日間です。

054 券売機でICカードをチャージできます。

トレーニング
メニュー
① 英文の意味を理解　③ リッスン＆リピート
② 音声を聞きながら黙読

This IC card's for overseas tourists.

Buy one from the Tourist Information Center.

You don't have to pay a deposit.

There's a 500-yen deposit.

It's valid for 28 days.

You can charge it at a ticket machine.

ワンポイント
アドバイス

049 card's は card is の短縮形。ここでの (be) for ... は「〜向け」という意味です。overseas は「海外の」、tourist は「旅行者」です。

050 ここでの one は IC card「IC カード」のこと。from the Tourist Information Center は「観光案内所から」、つまり「観光案内所で」買うという意味になります。

051 deposit「デポジット」は「預入金、保証金」のこと。pay a deposit は「デポジットを払う」という意味です。この文は No deposit is needed.「デポジットは必要ありません」と言い換えることが可能です。

052 直訳すると「500円のデポジットがあります」になります。

053 be valid for ... は「〜の間有効だ」という意味。for ...「〜の間」には期間を表す語句が入ります。

054 charge は日本語と同じく「〜にチャージする」という意味の単語です。at a ticket machine は「券売機で」と場所を表します。

基本コース：❶❷❸／❸ ＝ 各文3回 ☐☐☐

特訓コース：❶❷❸／❸ ＝ 各文10回 ☐☐☐☐☐☐☐☐☐☐

049

A **This IC card's for overseas tourists.**
このICカードは外国人旅行者向けです。

B **I see.**
なるほど。

050

A **Buy one from the Tourist Information Center.**
観光案内所で買ってください。

B **Great, I will.**
素晴らしい、そうします。

051

A **You don't have to pay a deposit.**
デポジットは不要です。

B **Oh, this one doesn't need a deposit.**
ああ、このカードはデポジット不要なんですね。

相手のことばを理解するヒント

051 ここでのoneは話題にしている「ICカード」のことです。一度話題に登場している「数えられる名詞（可算名詞）の単数形」が再度登場する場合、oneに置き換えて使うことが可能です。

トレーニング
メニュー
❶ 🕐 英文の意味を理解　　❸ 🎵 リッスン＆リピート
❷ 🗣 音声を聞きながら黙読

052

A **There's a 500-yen deposit.**
500円のデポジットが必要です。

B **I'll keep that in mind.**
覚えておきます。

053

A **It's valid for 28 days.**
使用可能期間は28日間です。

B **I got it.**
わかりました。

054

A **You can charge it at a ticket machine.**
券売機で IC カードをチャージできます。

B **That's easy.**
それなら簡単ですね。

052 keep A in mind は「A を覚えておく」という意味の表現です。ここでの that は「そのこと」という意味です。つまり、「500円のデポジットが必要だということ」を指しています。
053 I got it. は「（私はそれを）理解しました」という意味の表現です。
054 反対に「それは難しいですね」であれば That's difficult. です。

基本コース：❶❷❸／❸ = 各文3回 ☐☐☐
特訓コース：❶❷❸／❸ = 各文10回 ☐☐☐☐☐☐☐☐☐☐

| 10 外国人旅行者向け 割引乗車券を買う・使う

外国人旅行者向け割引乗車券には、乗車可能な列車種別、有効期限など使用条件が設定されていることがあります。

6つのフレーズを覚えよう！ 🔊 19

055 （この切符は）地下鉄に3日間乗り放題です。

056 この切符は日本全国で使うことができます。

057 この切符には子供料金がありません。

058 この切符では自動改札を通れません。

059 （この切符で）この電車には乗れません。

060 （この切符で）特急には乗れません。

トレーニング
メニュー

❶ 👁 英文の意味を理解 ❸ 🎧 リッスン＆リピート
❷ 🧑 音声を聞きながら黙読

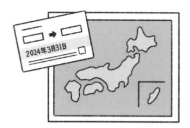

It's valid on all subway lines for three days.

It's valid throughout Japan.

There aren't any child passes though.

You can't use it on automatic ticket gates.

You can't use it on this train.

You can't use it on limited express.

1 ひとごと

2 駅・街中

3 観光スポット

4 小売店

5 飲食店

6 気持ちを表す

7 もしものとき

ワンポイント アドバイス

055 It's valid は「それは有効だ」、on all subway lines は「地下鉄全線で」という意味。for ... 「〜の間」には、この文のように、数字を使った期間を表す表現が入ります。「1週間」であれば for a week になります。

056 throughout ... は「〜の至る所で」という意味の単語です。

057 直訳は「子供用乗車券はありませんが」。There aren't ... は「〜がない」。child passes「子供用乗車券」は、ここでは「子供料金の切符」を示しています。

058 You can't use it は「あなたはそれを使えません」、on automatic ticket gates は「自動改札機で」という意味です。

059 on this train は「この電車では」という意味の表現です。

060 limited express は「特急列車」。express train は「急行列車」、local train は「普通列車」です。

基本コース：❶❷❸／❸ ＝ 各文3回

特訓コース：❶❷❸／❸ ＝ 各文10回

対話にチャレンジ！

055

A **It's valid on all subway lines for three days.**
（この切符は）地下鉄に3日間乗り放題です。

B **For three days.**
3日間ですね。

056

A **It's valid throughout Japan.**
この切符は日本全国で使うことができます。

B **That's great.**
それはいいですね。

057

A **There aren't any child passes though.**
この切符には子供料金がありません。

B **That's a pity, but I can understand.**
残念ですが、仕方ないですね。

相手のことばを理解するヒント

055 for ... は「〜の間」を表します。「2週間」であれば for two weeks となります。
057 pity は「残念なこと」という意味の単語です。後ろに but I can understand を続けることにより、「残念だけど、仕方ないですね」という「状況に対する理解」を表すことができます。

トレーニング
メニュー

❶ 🕐 英文の意味を理解　　❸ 🎵 リッスン&リピート
❷ 📖 音声を聞きながら黙読

1 ひとこと

2 駅・街中

3 観光スポット

4 小売店

5 飲食店

6 気持ちを表す

7 もしものとき

058

A **You can't use it on automatic ticket gates.**

この切符では自動改札を通れません。

B **I'll need to remember that.**

それは覚えておかなければなりませんね。

059

A **You can't use it on this train.**

（この切符で）この電車には乗れません。

B **Are there any other trains I can't use it on?**

他にも乗れない電車がありますか。

060

A **You can't use it on limited express.**

（この切符で）特急には乗れません。

B **I see.**

なるほど。

---

058 need to do は「〜する必要がある」、remember は「〜を覚えている」という意味の表現です。

059 any other trains「どれか他の電車」の後ろには、主語＋動詞＋α から成る I can't use it on「私がそれを使うことのできない」が続き、「どんな電車のことなのか」を表しています。

基本コース：❶❷❸／❸ ＝ 各文3回 ☐☐☐

特訓コース：❶❷❸／❸ ＝ 各文10回 ☐☐☐☐☐☐☐☐☐☐

駅構内での目的の乗り場 (プラットホーム) への行き方

外国人旅行者が大きい駅の中で、電車の乗り場がわからず困っているようです。目的地へ行く電車が出るホームの場所を伝えましょう。

6つのフレーズを覚えよう！ 21

061 （その電車は）3番ホームです。

062 3番ホームは1つ下の階にあります。

063 （この電車は）6番ホームまたは8番ホームで乗ります。

064 次の電車は6番ホームから出ます。

065 この構内図で説明します。

066 駅員に聞いてください。

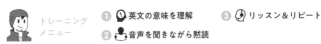

トレーニングメニュー　❶ 英文の意味を理解　❸ リッスン＆リピート
❷ 音声を聞きながら黙読

1
ひとこと

2
駅・街中

3
観光スポット

4
小売店

5
飲食店

6
気持ちを表す

7
もしものとき

ワンポイントアドバイス

061 track は「線路」という意味です。Track 3は「3番ホーム」を表し、Platform 3 と言い換えることも可能です。on は「〜に接している」ことを表すので、on Track 3で「(その電車が) 3番線の線路の上にある」ということになります。

062 be one floor below は「1階下である」という意味の表現です。

063 take the train は「電車に乗る」、from A or B は「A か B のどちらかから」という意味の表現です。

064 next は「次の」、leave from ... は「〜から出発する」という意味の表現です。

065 I'll show you it は「私はあなたにそれを説明します」という意味の表現です。on this station map は「この(駅の)構内図上で、この構内図上の」という意味になります。

066 You'll have to do は「あなたは〜しなければなりません」、ask は「〜に尋ねる」という意味の表現です。

That's on Track 3.

Track 3 is one floor below.

Take the train from Track 6 or 8.

The next train leaves from Track 6.

I'll show you it on this station map.

You'll have to ask the station staff.

基本コース：❶❷❸／❸ ＝ 各文3回 ☐☐☐

特訓コース：❶❷❸／❸ ＝ 各文10回 ☐☐☐☐☐☐☐☐☐☐

対話にチャレンジ！

061

A **That's on Track 3.**
（その電車は）3番ホームです。

B **Where is Track 3?**
3番ホームはどこですか。

062

A **Track 3 is one floor below.**
3番ホームは1つ下の階にあります。

B **So, I need to go downstairs.**
ああ、下の階に行くんですね。

063

A **Take the train from Track 6 or 8.**
（この電車は）6番ホームまたは8番ホームで乗ります。

B **From Track 6 or 8.**
6番ホームか8番ホームですね。

相手のことばを理解するヒント

061 Track 3「3番ホーム」は Platform 3 とも言えます。
062 need to do は「〜する必要がある」、go downstairs は「下の階に行く」という意味の表現です。
063 from ... は「〜から」、A or B は「A か B のどちらか」という意味の表現です。

トレーニング
メニュー

① 🕐 英文の意味を理解　　③ 🎵 リッスン＆リピート
② 🔊 音声を聞きながら黙読

064

A **The next train leaves from Track 6.**
次の電車は6番ホームから出ます。

B **Oh, I see.**
ああ、なるほど。

065

A **I'll show you it on this station map.**
この構内図で説明します。

B **Thanks. This station is like a maze.**
ありがとう。この駅は迷路のようです。

066

A **You'll have to ask the station staff.**
駅員に聞いてください。

B **OK, I'll do that.**
わかりました、そうします。

065 ここでの like ... は「〜のような」という意味の前置詞で、後ろには名詞が続きます。maze は「迷路」という意味の単語です。
066 I'll do that. は「私はそれをやるつもりです」、つまり「そうします」という意味の表現です。

基本コース：❶❷❸／❸ ＝ 各文3回 □□□
特訓コース：❶❷❸／❸ ＝ 各文10回 □□□□□□□□□□

12 バスに乗る

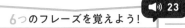

目的地まではバスを使うと便利な状況です。そこで、乗り場（バス停）や出発時刻、運賃の支払い方法などを説明します。

6つのフレーズを覚えよう! 🔊 23

067 （そこへは）バスで行くのが便利です。

068 バス停は道の反対側にあります。

069 時刻表を確認してみます。

070 次のバスは15分後に来ます。

071 運賃は降りるときに払います。

072 高速バス乗り場はあちらです。

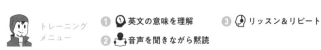

トレーニング
メニュー

① 💡英文の意味を理解　　③ 🎧リッスン&リピート
② 🔊音声を聞きながら黙読

Taking a bus is convenient.

The bus stop is across the street.

Let me check the bus schedule.

The next bus arrives in 15 minutes.

You pay when you get off.

The highway bus terminal is over there.

1 ひとこと

2 駅・街中

3 観光スポット

4 小売店

5 飲食店

6 気持ちを表す

7 もしものとき

ワンポイント
アドバイス

067 この文で使われている taking は「(交通手段を)利用すること」という意味です。convenient は「便利だ」という意味の単語です。

068 bus stop は「バス停」のことです。across the street は「通りの向こうに・反対側に」という表現で、道案内には頻出します。

069 Let me do は「〜させてください」という意味の表現です。「バスの時刻表」は bus schedule といいます。

070 arrive は「到着する」、in 15 minutes は「15分後に」。時間を表す「〜後に」は in を使って表現します。within 15 minutes であれば「15分以内に」です。

071 「〜するときに」は when を使って表します。get off は「(〜を)降りる」という意味です。文の前から意味をつかむと、「あなたは払います→(バスなどを)降りるときに」となります。

072 「高速バス」は highway bus といいます。「高速バス乗り場」は highway bus terminal です。

基本コース：❶❷❸／❸ ＝ 各文3回 ☐☐☐

特訓コース：❶❷❸／❸ ＝ 各文10回 ☐☐☐☐☐☐☐☐☐☐

対話にチャレンジ！

067

A **Taking a bus is convenient.**
（そこへは）バスで行くのが便利です。

B **Uh-huh.**
そうですか。

068

A **The bus stop is across the street.**
バス停は道の反対側にあります。

B **Oh, that one over there.**
ああ、あそこにあるあれですね。

069

A **Let me check the bus schedule.**
時刻表を確認してみます。

B **Thank you so much.**
ありがとうございます。

相手のことばを理解するヒント

067　Uh-huh. は「うん」や「ああ」などの、同意・承認・満足などを表す表現です。

068　ここでの one は bus stop「バス停」のことを表します。over there は「あそこに、向こうに」という意味の表現です。

トレーニング
メニュー

① 🔊 英文の意味を理解　　③ 🎵 リッスン＆リピート

② 🗣️ 音声を聞きながら黙読

1 ひとこと

2 駅・街中

3 観光スポット

4 小売店

5 飲食店

6 気持ちを表す

7 もしものとき

070

A **The next bus arrives in 15 minutes.**

次のバスは15分後に来ます。

B **That's no problem, then.**

それなら問題ありません。

071

A **You pay when you get off.**

運賃は降りるときに払います。

B **I see.**

なるほど。

072

A **The highway bus terminal is over there.**

高速バス乗り場はあちらです。

B **Thanks for your help.**

助けてくれてありがとう。

---

070 ここでの then は「それなら」という意味です。That's no problem.「問題ありません」だけでも会話は成立しますが、そこに「相手の話を聞いて理解した上での応答です」という説明を付け加えています。

072 Thanks for ... は「〜をありがとう」という意味の表現です。for の後ろには名詞（のカタマリ）、もしくは動詞の doing 形＋α が続きます。なので、Thanks for helping me.「私を助けてくれてありがとう」という返答もあるでしょう。

基本コース：①②③／❸ ＝ 各文3回 ☐☐☐

特訓コース：①②③／❸ ＝ 各文10回 ☐☐☐☐☐☐☐☐☐☐

|13 目的地までの道順
（徒歩／途中まで一緒に行く）

街中で、ある場所までの道順を聞かれました。ちょうど向かっている
場所と同じ方向なので、途中まで同行しつつ道順を説明します。

6つのフレーズを覚えよう！ 🔊 25

---

073 住所はわかりますか。

---

074 （道順は）少し複雑です。

---

075 私もその近くに行きます。

---

076 途中まで一緒に行きましょう。

---

077 （途中まで来て、ここから目的地までは）
あと5分くらいです。

---

078 あの交番で聞いてみてください。

トレーニング
メニュー

❶ 🕐 英文の意味を理解　　❸ 🎧 リッスン＆リピート

❷ 👤 音声を聞きながら黙読

1 ひとこと

2 駅・街中

3 観光スポット

4 小売店

5 飲食店

6 気持ちを表す

7 もしものとき

Do you know the address?

It's a little complicated.

I'm going near there, too.

Let's go part of the way together.

It's about five more minutes.

Ask at that police box.

**ワンポイント
アドバイス**

073 address は「住所」です。know は「～を知っている」なので、Do you know ...? は「～はわかりますか」という意味になります。

074 a little は「少し」、complicated は「複雑な」という意味の表現です。

075 near there は「その近くに」という意味の表現です。

076 go part of the way together「途中まで一緒に行く」は、そのまま覚えてしまうとよいでしょう。

077 It's five minutes.「5分です」という表現が基本です。about「約、およそ」、five more minutes「あと5分」という表現を押さえておいてください。

078 Ask で始まる文は「(～に)尋ねてください、(～に)聞いてみてください」という意味の表現(命令文)です。police box は「交番」のことです。

基本コース：❶❷❸／❸ ＝ 各文3回 ☐☐☐

特訓コース：❶❷❸／❸ ＝ 各文10回 ☐☐☐☐☐☐☐☐☐☐

対話にチャレンジ！

073

A **Do you know the address?**
住所はわかりますか。

B **Yes, it's here.**
ええ、これです。

074

A **It's a little complicated.**
（道順は）少し複雑です。

B **I wonder if we can get there by ourselves.**
自分たちだけで着けるでしょうか。

075

A **I'm going near there, too.**
私もその近くに行きます。

B **Really?**
そうなんですか？

相手のことばを理解するヒント

073 it's here は手元にあるものを見せつつ「はい、ここです」という感じで応答しています。

074 I wonder if ... は「〜だろうか」という意味の表現で、後ろには主語＋動詞＋α が続きます。get there は「そこに着く」、by ourselves は「自分たちだけで」という意味の表現です。

トレーニング
メニュー

❶ 🕐 英文の意味を理解　　❸ 🎵 リッスン＆リピート

❷ 🎧 音声を聞きながら黙読

1 ひとこと

2 駅・街中

3 観光スポット

4 小売店

5 飲食店

6 気持ちを表す

7 もしものとき

076

A **Let's go part of the way together.**
途中まで一緒に行きましょう。

B **That would be great.**
そうしてもらえると助かります。

077

A **It's about five more minutes.**
（途中まで来て、ここから目的地までは）あと5分くらいです。

B **OK.**
わかりました。

078

A **Ask at that police box.**
あの交番で聞いてみてください。

B **I'll do that. Thanks a lot.**
そうします。本当にありがとう。

076 would は「～だろう」、great は「素晴らしい」という意味の単語です。
078 Thanks a lot. は「どうもありがとう」「本当にありがとう」という意味です。

基本コース：❶❷❸／❸ = 各文3回 ☐☐☐
特訓コース：❶❷❸／❸ = 各文10回 ☐☐☐☐☐☐☐☐☐☐

14 タクシーをつかまえる

街中でタクシーがなかなかつかまらず困っているようです。つかまえ
やすい場所などを教えてあげましょう。

6つのフレーズを覚えよう！　🔊 27

079 タクシーを探していますか。

080 （つかまえるなら）あそこがいいです。

081 どこまで行きますか。

082 あれは回送です（乗れません）。

083 タクシーが来ましたよ。

084 駅の近くにタクシー乗り場があります。

トレーニング　❶ 🕐英文の意味を理解　　❸ 🎵リッスン＆リピート
メニュー　　　❷ 📖音声を聞きながら黙読

66

1 ひとこと

2 駅・街中

3 観光スポット

4 小売店

5 飲食店

6 気持ちを表す

7 もしものとき

Are you looking for a taxi?

It's easier to catch one over there.

Where do you want to go?

That one is out of service.

Here comes a taxi.

There's a taxi stand near the station.

ワンポイント
アドバイス

079 Are you looking for ...? は「（今）～を探していますか」という表現（現在進行形）です。この問いかけに対しては Yes, I am.「はい、探しています」か No, I'm not.「いいえ、探していません」で応答します。

080 It's easier to do は「～するとより簡単です」という表現です。one はここでは taxi「タクシー」のこと。over there は「向こうで」という意味です。

081 Where は「どこ」と場所を尋ねる単語（疑問詞）、do you want to go は「あなたは行きたいですか」という質問です。

082 ここでの one も taxi のことです。be out of service は「～は使えません、～は回送中です」という意味です。

083 Here comes ... は「ここに～が来ました」という表現です。comes の後ろに「来たもの」を続けてください。

084 taxi stand は「タクシー乗り場」、near the station は「駅の近くに」という意味です。

基本コース： ❶❷❸／❸ ＝ 各文3回 ☐☐☐
特訓コース： ❶❷❸／❸ ＝ 各文10回 ☐☐☐☐☐☐☐☐☐☐

079

A **Are you looking for a taxi?**
タクシーを探していますか。

B **Yes, I am.**
ええ、そうです。

080

A **It's easier to catch one over there.**
（つかまえるなら）あそこがいいです。

B **Is that right?**
そうなんですか？

081

A **Where do you want to go?**
どこまで行きますか。

B **To Akihabara.**
秋葉原までです。

相手のことばを理解するヒント

079 Are you ...?「あなたは〜ですか」に対しては、Yes, I am.「はい、そうです」、もしくは No, I'm not.「いいえ、違います」で応答するのが基本です。

080 right は「正しい、合っている」という意味です。Is that right? は「そうですか？」「そうなんだね？」と相づちを打つときに使われます。

081 To の後ろに行き先が続きます。どこに行きたいのか、しっかり確認しましょう。

トレーニング
メニュー

① 🕐 英文の意味を理解　　③ 🎵 リッスン＆リピート

② 👥 音声を聞きながら黙読

14 タクシーをつかまえる

1 ひとこと

2 駅・街中

3 観光スポット

4 小売店

5 飲食店

6 気持ちを表す

7 もしものとき

082

A **That one is out of service.**
あれは回送です（乗れません）。

B **How about that one?**
あれはどうですか。

083

A **Here comes a taxi.**
タクシーが来ましたよ。

B **Phew.**
ふぅ。

084

A **There's a taxi stand near the station.**
駅の近くにタクシー乗り場があります。

B **OK, I'll try there.**
わかりました、行ってみます。

082 How about ...? は「〜はいかがですか」と尋ねる表現です。
083 Phew. は、ほっとしたとき・疲れたとき・驚いたとき・嫌悪を感じるときなどに使われる表現です。
084 try there は「そこに行ってみます」という意味の表現です。

基本コース：①②③／③ = 各文3回 ☐☐☐
特訓コース：①②③／③ = 各文10回 ☐☐☐☐☐☐☐☐☐☐

15 荷物を預ける
（コインロッカー／一時預かり所）

外国人旅行者にコインロッカーの場所を聞かれました。料金などを説明します。状況によっては、荷物預かり所も教えてあげましょう。

6つのフレーズを覚えよう！

085 コインロッカーはあそこにあります。

086 これ（このロッカー）は400円です。

087 1日の利用料金です。

088 あのロッカーが空いています。

089 あそこに荷物預かり所があります。

090 （料金は）荷物1つが800円です。

トレーニング
メニュー

❶ 🔘英文の意味を理解　　❸ 🔘リッスン＆リピート
❷ 🔘音声を聞きながら黙読

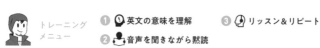

1 ひとこと

2 駅・街中

3 観光スポット

4 小売店

5 飲食店

6 気持ちを表す

7 もしものとき

ワンポイント アドバイス

085 There are … は「〜がある」という意味です。lockers は「コインロッカー」のこと。over there は「あそこに、向こうに」という意味の表現です。

086 ここでの one は一度会話に登場した locker「ロッカー」を指します。

087 fee は「料金」という単語です。be for one day は「1日分の」を表します。

088 empty は「空いている」という意味の単語です。逆に「使用中だ」は be not empty「空いていない」や be in use「使用中だ」、be occupied「使用中だ」などを使って表します。empty の代わりに unoccupied「使われていない」と言ってもよいでしょう。

089 luggage storage は「荷物預かり所」という意味です。

090 each piece of luggage は「荷物1つにつき」という表現です。luggage は数えられない名詞（不可算名詞）なので、1つの荷物は a piece of luggage、2つの荷物は two pieces of luggage と表します。

There are lockers over there.

This one's 400 yen.

The fee is for one day.

That locker is empty.

There's luggage storage over there.

Each piece of luggage is 800 yen.

基本コース：❶❷❸／❸ ＝ 各文3回 □□□

特訓コース：❶❷❸／❸ ＝ 各文10回 □□□□□□□□□□

対話にチャレンジ！

085

A **There are lockers over there.**
コインロッカーはあそこにあります。

B **I see.**
なるほど。

086

A **This one's 400 yen.**
これ（このロッカー）は400円です。

B **So, the fee depends on the size of the locker.**
ロッカーのサイズによって料金が違うんですね。

087

A **The fee is for one day.**
1日の利用料金です。

B **OK.**
わかりました。

相手のことばを理解するヒント

086 fee は「料金」、depend on ... は「〜による」という意味の表現です。なお、depend on ... は「〜に頼る」という意味でもよく使われます。

トレーニング
メニュー

① 🕐 英文の意味を理解　　③ 🔊 リッスン＆リピート
② 👥 音声を聞きながら黙読

1 ひとこと

2 駅・街中

3 観光スポット

4 小売店

5 飲食店

6 気持ちを表す

7 もしものとき

088

A **That locker is empty.**
あのロッカーが空いています。

B **Oh, that's great.**
ああ、よかった。

089

A **There's luggage storage over there.**
あそこに荷物預かり所があります。

B **How much would that be?**
料金はいくらですか。

090

A **Each piece of luggage is 800 yen.**
（料金は）荷物1つが800円です。

B **Fair enough.**
問題ありません。

---

089 How much would that be? は「いくらですか」と料金を尋ねる表現です。
090 Fair enough.「問題ありません」は、相手が提示する条件などが許容範囲内である場合に使う応答です。

基本コース：❶❷❸／❸ = 各文3回 ☐☐☐
特訓コース：❶❷❸／❸ = 各文10回 ☐☐☐☐☐☐☐☐☐☐

031 ここからいちばん近い駅（へ行きたいん）ですね。 The (　　) station from here, right?

032 駅は向こうの方です。 The station is in (　　) (　　).

033 ここから徒歩で5分です。 It's a five-minute (　　) from here.

034 この道をまっすぐ行きます。 Go (　　) down the street.

035 （次に）2つ目の信号を右折します。 (　　) (　　) at the second traffic light.

036 すぐに駅が見えます。 You'll (　　) the station right away.

037 銀座駅へ行くんですね。 You're (　　) to Ginza Station, right?

038 およそ30分で着きます。 It (　　) about 30 minutes.

039 東西線に乗って日本橋へ行きます。 (　　) the Tozai Line to Nihonbashi.

040 日本橋で銀座線に乗り換えます。 (　　) to the Ginza Line at Nihonbashi.

041 渋谷行きの銀座線に乗ります。 (　　) the Ginza Line (　　) for Shibuya.

042 2つ目の駅が銀座です。 The second (　　) is Ginza.

043 券売機はあそこにあります。 The ticket machines are (　　) (　　).

044 （路線図を指しながら）銀座は200円です。 It's 200 yen (　　) Ginza.

045 片道の料金です。 It's a (　　) fare.

046 画面の「200」を押してください。 (　　) "200" on the screen.

047 ここに200円を入れてください。 (　　) 200 yen in here.

048 ここをタッチすると英語表示に切り換わります。 Touch here (　　) the English display.

答え 031 nearest、032 that direction、033 walk、034 straight、035 Turn right、036 see、037 going、038 takes、039 Take、040 Transfer、041 Take、bound、042 stop、043 over there、044 to、045 one-way、046 Press、047 Put、048 for

74

049	この IC カードは外国人旅行者向けです。	This IC card's ( ) overseas tourists.
050	観光案内所で買ってください。	( ) ( ) from the Tourist Information Center.
051	デポジットは不要です。	You don't have to ( ) a deposit.
052	500円のデポジットが必要です。	( ) a 500-yen deposit.
053	使用可能期間は28日間です。	It's ( ) for 28 days.
054	券売機で IC カードをチャージできます。	You can ( ) it at a ticket machine.
055	（この切符は）地下鉄に3日間乗り放題です。	It's valid on ( ) subway lines for three days.
056	この切符は日本全国で使うことができます。	It's valid ( ) Japan.
057	この切符には子供料金がありません。	( ) ( ) any child passes though.
058	この切符では自動改札を通れません。	You can't use it on automatic ( ) ( ).
059	（この切符で）この電車には乗れません。	You can't use it on ( ) ( ).
060	（この切符で）特急には乗れません。	You can't use it on ( ) ( ).
061	（その電車は）3番ホームです。	That's ( ) Track 3.
062	3番ホームは1つ下の階にあります。	Track 3 is one floor ( ).
063	（この電車は）6番ホームまたは8番ホームで乗ります。	( ) the train from Track 6 or 8.
064	次の電車は6番ホームから出ます。	The next train ( ) from Track 6.
065	この構内図で説明します。	I'll ( ) you it on this station map.
066	駅員に聞いてください。	You'll have to ( ) the station staff.

067	（そこへは）バスで行くのが便利です。	Taking a bus is ( ).
068	バス停は道の反対側にあります。	The bus stop is ( ) the street.
069	時刻表を確認してみます。	Let me check the bus ( ).
070	次のバスは15分後に来ます。	The next bus ( ) in 15 minutes.
071	運賃は降りるときに払います。	You pay when you ( ) ( ).
072	高速バス乗り場はあちらです。	The highway bus terminal is ( ) ( ).
073	住所はわかりますか。	Do you know the ( )?
074	（道順は）少し複雑です。	It's a little ( ).
075	私もその近くに行きます。	I'm going ( ) ( ), too.
076	途中まで一緒に行きましょう。	Let's go ( ) ( ) the way together.
077	（途中まで来て、ここから目的地までは）あと5分くらいです。	It's about five ( ) minutes.
078	あの交番で聞いてみてください。	( ) at that police box.
079	タクシーを探していますか。	Are you ( ) ( ) a taxi?
080	（つかまえるなら）あそこがいいです。	It's easier to ( ) one over there.
081	どこまで行きますか。	( ) do you want to go?
082	あれは回送です（乗れません）。	That one is ( ) ( ) ( ).
083	タクシーが来ましたよ。	( ) comes a taxi.
084	駅の近くにタクシー乗り場があります。	There's a taxi ( ) near the station.

085	コインロッカーはあそこにあります。	There are lockers (　　) (　　).
086	これ（このロッカー）は400円です。	This (　　) 400 yen.
087	1日の利用料金です。	The fee is for (　　) (　　).
088	あのロッカーが空いています。	That locker is (　　).
089	あそこに荷物預かり所があります。	There's luggage (　　) over (　　).
090	（料金は）荷物1つが800円です。	(　　) piece of luggage is 800 yen.

観光スポットで
教えてあげたい

16 → 21

開館・閉館時間、入場料

観光施設には外国語の案内がある場所が多いですが、案内がない場所を想定して、開館時間、混雑している状況、入場料などを説明します。

6つのフレーズを覚えよう！

091 （開館時間は）9時から5時までです。

092 今、混んでいます。

093 入場まで30分待ちます。

094 （入場料は）大人は1,000円です。

095 （入場料は）子供は500円です。

096 私が（入場券を）買いましょうか。

トレーニング
メニュー

❶ 英文の意味を理解

❷ 音声を聞きながら黙読

❸ リッスン＆リピート

It's open from 9 to 5.

It's crowded now.

It'll take 30 minutes to get in.

Admission is 1,000 yen for adults.

Admission is 500 yen for children.

I can buy the tickets for you.

1 ひとこと

2 駅・街中

3 観光スポット

4 小売店

5 飲食店

6 気持ちを表す

7 もしものとき

ワンポイント
アドバイス

091 from 9 to 5は「午前9時から午後5時まで」という意味の表現です。

092 be crowded は「混んでいる」という意味です。

093 It'll take ＋時間は「時間がかかるだろう」という表現で、It'll は It will の短縮形です。ここでの will は「〜するだろう」という意味で使われています。30 minutes は「30分」、後ろに続く to get in は「中に入るためには」という意味です。

094 admission は「入場料」。for adults は「大人は」という意味の表現です。

095 for children は「子供は」という意味の表現です。children は「子供たち」という意味で、child「子供」の複数形。「大人は」が for adults になるのと同様、ここでは for の後ろには複数形の名詞が続きます。

096 can buy は「〜を買うことができる」という表現です。ここでの for you は「あなたのために」という意味です。

基本コース：❶❷❸／❸ ＝ 各文3回 ☐☐☐

特訓コース：❶❷❸／❸ ＝ 各文10回 ☐☐☐☐☐☐☐☐☐☐

対話にチャレンジ！

091

A **It's open from 9 to 5.**
（開館時間は）9時から5時までです。

B **OK.**
わかりました。

092

A **It's crowded now.**
今、混んでいます。

B **I can see that.**
そのようですね。

093

A **It'll take 30 minutes to get in.**
入場まで30分待ちます。

B **Oh, well. Let's wait, then.**
仕方ありません。では、待ちましょう。

相手のことばを理解するヒント

092 ここでの that は「（お店などが）混んでいる様子」を表しています。その様子を can see「見て理解できている」と表した応答です。

093 Oh, well. は「ええ、そうですね」「まあ、仕方ないですね」という意味です。

トレーニング
メニュー

① 🕐 英文の意味を理解   ③ 🎧 リッスン＆リピート

② 🗣 音声を聞きながら黙読

094

A **Admission is 1,000 yen for adults.**
（入場料は）大人は1,000円です。

B **It's 1,000 yen.**
1,000円ですね。

095

A **Admission is 500 yen for children.**
（入場料は）子供は500円です。

B **It's 500 yen.**
500円ですね。

096

A **I can buy the tickets for you.**
私が（入場券を）買いましょうか。

B **That would be helpful.**
そうしてもらえると助かります。

---

094 この it は「状況を受ける」単語です。ここでは「お金が1,000円かかりますよ」と言われ、それを受けて It's 1,000 yen.「1,000円（なの）ですね」と応答しています。
096 helpful は「助かる、役に立つ」という意味の単語です。

基本コース：❶❷❸／❸ ＝ 各文3回 ☐☐☐
特訓コース：❶❷❸／❸ ＝ 各文10回 ☐☐☐☐☐☐☐☐☐☐

1 ひとこと

2 駅・街中

3 観光スポット

4 小売店

5 飲食店

6 気持ちを表す

7 もしものとき

17 外国語の案内（パンフレット、音声やアプリなど）

観光施設には、展示物を英語などで説明したパンフレットなどが用意されていることが多いです。その入手方法などを伝えましょう。

6つのフレーズを覚えよう！ 🔊 33

097 あそこに英語の無料パンフレットがあります。

098 音声ガイドには英語もあります。

099 音声ガイド機器は受付で借りられます。

100 ガイドのアプリがあります。

101 スマホにアプリをインストールします。

102 英語の館内ツアーが午後2時にあります。

トレーニングメニュー
① ⏱ 英文の意味を理解
② 🗣 音声を聞きながら黙読
③ 🎧 リッスン＆リピート

There's a free English pamphlet over there.

There's an English audio guide as well.

You can rent the audio devices from the reception.

There's a tour guide app.

Install the app on your phone.

There's a guided tour in English at 2.

基本コース：❶❷❸／❸ ＝ 各文3回 □□□
特訓コース：❶❷❸／❸ ＝ 各文10回 □□□□□□□□□□

ワンポイント アドバイス

097 ここでの free は 「無料の」という意味で 使われています。 complimentary も「無料の」という意味で使われるので、セットで押さえておいてください。

098 There's ... は「〜がある」という意味の表現、English audio guide は「英語の音声ガイド」、as well は「〜も」という意味の表現です。

099 rent は「〜を借りる」、audio devices は「オーディオ機器」という意味の単語です。reception は「受付」です。

100 app は application の略で、「アプリ」のこと。tour guide app は「ガイドアプリ」のことです。

101 install は「〜をインストールする」、on your phone は「あなたのスマホ上に」という意味です。

102 guided tour は 「ガイド付きツアー」という意味です。in English は「英語で、英語の」、at 2は「2時に」を表します。

1 ひとこと

2 駅・街中

3 観光スポット

4 小売店

5 飲食店

6 気持ちを表す

7 もしものとき

対話にチャレンジ！

097

A **There's a free English pamphlet over there.**
あそこに英語の無料パンフレットがあります。

B **OK, I'll take one.**
ええ、1部取ってきます。

098

A **There's an English audio guide as well.**
音声ガイドには英語もあります。

B **That's great.**
いいですね。

099

A **You can rent the audio devices from the reception.**
音声ガイド機器は受付で借りられます。

B **How much would that be?**
料金はいくらですか。

相手のことばを理解するヒント

097 take は「～を取る」、ここでの one は a free English pamphlet「英語の無料パンフレット」のことです。

099 How much would that be? は「いくらですか」と料金を尋ねる表現です。

トレーニング
メニュー

❶ ⏱ 英文の意味を理解　　❸ 🎧 リッスン＆リピート

❷ 📖 音声を聞きながら黙読

1
ひ
と
こ
と

2
駅
・
街
中

**3
観
光
ス
ポ
ッ
ト**

4
小
売
店

5
飲
食
店

6
気
持
ち
を
表
す

7
も
し
も
の
と
き

100

A **There's a tour guide app.**
ガイドのアプリがあります。

B **That's wonderful.**
素晴らしいです。

101

A **Install the app on your phone.**
スマホにアプリをインストールします。

B **I can do that.**
やってみます。

102

A **There's a guided tour in English at 2.**
英語の館内ツアーが午後2時にあります。

B **Do I need to sign up for it?**
申し込みは必要ですか。

100 wonderful は「素晴らしい」という意味の単語です。
101 ここでの do that「それをする」は「スマホにアプリをインストールする」ことです。
102 need to do は「〜する必要がある」、sign up for ... は「〜に申し込む」という意味の表現です。

基本コース：❶❷❸／❸ ＝ 各文3回 □□□
特訓コース：❶❷❸／❸ ＝ 各文10回 □□□□□□□□□□

18 ゴミ箱、トイレ、ATM などの場所

トイレやゴミ箱などの場所を説明します。場所の説明は、観光施設に限らず、さまざまな場面で使える表現です。

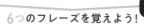
6つのフレーズを覚えよう！ 35

---

103 ゴミ箱は食堂にあります。

---

104 ここにはゴミ箱はありません。

---

105 トイレは売店の隣にあります。

---

106 ここは和式トイレです。

---

107 ATM はエレベーターの横にあります。

---

108 喫煙所はありません。

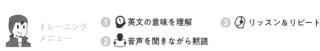

トレーニングメニュー
① 🔍 英文の意味を理解
② 🗣 音声を聞きながら黙読
③ 🎧 リッスン＆リピート

There are trash cans in the dining hall.

There aren't any trash cans here.

The restroom's next to the store.

They have Japanese-style toilets here.

The ATM is by the elevator.

There isn't a smoking area.

ワンポイント
アドバイス

103 trash cans は「ゴミ箱」のことです。ここでは There are ... 「～がある」のように are を使っているので、複数のゴミ箱が存在することを表しています。in the dining hall は「食堂（の中）で」という表現です。

104 aren't は are not の短縮形です。not any は「全く～がない、1つも～ない」ことを表します。here は「ここには」という意味の単語です。

105 restroom は「トイレ」のことです。next to ... は「～の隣に」という位置関係を表す表現です。

106 ここでの they はトイレのある店や建物を表しています。Japanese-style toilets は「和式トイレ」のことです。

107 ATM は automated teller machine「現金自動預払機」のことです。automatic teller machine ともいいます。by ... は「～のそばに」という位置関係を表します。elevator は「エレベーター」のことです。

108 smoking area は「喫煙所」のことです。

基本コース：❶❷❸／❸ ＝ 各文3回 □□□
特訓コース：❶❷❸／❸ ＝ 各文10回 □□□□□□□□□□

対話にチャレンジ！

103

A **There are trash cans in the dining hall.**
ゴミ箱は食堂にあります。

B **OK, thanks.**
わかりました、ありがとう。

104

A **There aren't any trash cans here.**
ここにはゴミ箱はありません。

B **So, I need to take my trash with me.**
では、ゴミを持ち帰らなければなりませんね。

105

A **The restroom's next to the store.**
トイレは売店の隣にあります。

B **Next to the store, OK.**
売店の隣ですね。

相手のことばを理解するヒント

104 take は「〜を取る」、trash は「ゴミ」、with me は「私と一緒に」を表します。直訳すると「ゴミを自分と一緒に取っていく」、つまり「（自分の）ゴミを持ち帰る」という意味になります。

105 next to ... は「〜の隣に」という意味の表現です。

トレーニング
メニュー

① 🕐 英文の意味を理解

② 🗣 音声を聞きながら黙読

③ 🎵 リッスン＆リピート

1
ひとこと

2
駅・街中

3
観光スポット

4
小売店

5
飲食店

6
気持ちを表す

7
もしものとき

106

A **They have Japanese-style toilets here.**
ここは和式トイレです。

B **I've never used one before.**
（和式は）使ったことがありません。

107

A **The ATM is by the elevator.**
ATM はエレベーターの横にあります。

B **The elevator is over there, right?**
エレベーターは向こうですよね？

108

A **There isn't a smoking area.**
喫煙所はありません。

B **Oh, well.**
仕方ありませんね。

---

106 I've never used は「私は一度も〜を使ったことがありません」という意味の表現です。ここでの one は a Japanese-style toilet「和式トイレ」、before は「以前に」という意味の単語です。
107 over there は「向こうに」、, right? は「〜ですよね」という意味の表現です。
108 Oh, well. は「ええ、そうですね」というような意味ですが、話者の諦めを示す表現としても使われます。

基本コース：**①②③／③** = 各文3回 ☐☐☐
特訓コース：**①②③／③** = 各文10回 ☐☐☐☐☐☐☐☐☐☐

|19 注意事項（撮影禁止、靴を ぬぐ、行列に並ぶなど）

観光施設では写真撮影などが禁止されていることも多いです。禁止事項や一般的なルール、注意が必要なことなどを説明します。

6つのフレーズを覚えよう！  🔊 37

---

109 ここは撮影禁止です。

---

110 靴をぬいで（中に）入ります。

---

111 手を触れることはできません。

---

112 ここには入れません。

---

113 この列に並んで待ちます。

---

114 午後は雨が降ります。

トレーニング
メニュー

❶ 💡英文の意味を理解　　❸ 🎵リッスン＆リピート

❷ 🧑音声を聞きながら黙読

92

You can't take photographs here.

Take off your shoes, then go in.

You're not allowed to touch things.

You can't go in here.

Wait in this line.

It's going to rain this afternoon.

1 ひとこと

2 駅・街中

3 観光スポット

4 小売店

5 飲食店

6 気持ちを表す

7 もしものとき

109 「撮影禁止」は「写真を撮ることができない」と表せばよいので、can't take photographs と表します。

110 take off ... は「〜をぬぐ」、then は「それから」という意味の表現です。go in は「中に入る」という意味です。

111 be allowed to do は「〜してもよい」という表現です。do に当たる部分に touch things「物に触れる」があると、「物に触れてもよい」という意味ですが、ここでは not を使った否定文です。そのため、「触れることはできない」という意味になります。

112 go in here は「ここに入る」という意味です。

113 wait は「待つ」、in this line は「この列で」という意味の表現です。

114 be going to do は「〜するだろう」という表現です。It's going to rain は「雨が降りそうだ」という意味で、ここでの rain は「雨が降る」という動詞として使われています。

基本コース：**① ② ③ ／③** ＝ 各文3回 ☐☐☐

特訓コース：**① ② ③ ／③** ＝ 各文10回 ☐☐☐☐☐☐☐☐☐☐

対話にチャレンジ！

109

A **You can't take photographs here.**
ここは撮影禁止です。

B **I see.**
わかりました。

110

A **Take off your shoes, then go in.**
靴をぬいで（中に）入ります。

B **Put your shoes in the lockers, right?**
靴は下駄箱に入れるんですね。

111

A **You're not allowed to touch things.**
手を触れることはできません。

B **I'll keep that in mind.**
気を付けます。

相手のことばを理解するヒント

110 put A in B は「A を B に入れる」という意味の表現です。
111 keep that in mind は「そのことを心の中に留めておく」という表現です。

トレーニング
メニュー

❶ 🕐 英文の意味を理解　　❸ 🕐 リッスン＆リピート

❷ 🗣 音声を聞きながら黙読

1 ひとこと

2 駅・街中

3 観光スポット

4 小売店

5 飲食店

6 気持ちを表す

7 もしものとき

112

A **You can't go in here.**
ここには入れません。

B **OK.**
わかりました。

113

A **Wait in this line.**
この列に並んで待ちます。

B **No problem.**
問題ありません。

114

A **It's going to rain this afternoon.**
午後は雨が降ります。

B **Oh, no! I didn't bring an umbrella with me.**
困った！　傘を持ってきませんでした。

---

114 bring A with B は「A を（B が携帯した状態で、B と一緒に）持ってくる」という意味です。ほとんどの場合、with B に当たる訳は省略されます。

基本コース：❶❷❸／❸　＝ 各文3回　☐☐☐

特訓コース：❶❷❸／❸　＝ 各文10回　☐☐☐☐☐☐☐☐☐☐

スポットやイベントなどを勧める・提案する

観光スポットや日本文化に触れられる体験などを提案します。地元のお勧めスポット、体験などを普段から考えておくといいでしょう。

115 あの寺には有名な大仏があります。

116 あそこの撮影スポットは人気があります。

117 あの博物館は貴重な展示物が多いです。

118 ここは着物のレンタルを行っています。

119 ここでは茶道を体験できます。

120 春は桜がきれいです。

トレーニング
メニュー

❶ 🔵 英文の意味を理解

❷ 💬 音声を聞きながら黙読

❸ 🎤 リッスン＆リピート

1 ひとこと

2 駅・街中

3 観光スポット

4 小売店

5 飲食店

6 気持ちを表す

7 もしものとき

The famous Big Buddha's in that temple.

That's a popular photo spot.

That museum has many important exhibits.

You can rent a kimono here.

You can go to a tea ceremony here.

The cherry blossoms are beautiful here in spring.

ワンポイント アドバイス

115 famous は「有名な」、temple は「寺」という意味の単語です。Big Buddha's は Big Buddha is の短縮形です。

116 popular は「人気がある」、photo spot は「撮影スポット」という意味の表現です。

117 museum は「博物館、美術館」、many は「たくさんの」、important は「重要な」、exhibits は「展示物」という意味の単語です。

118 rent は「～を借りる、～をレンタルする」という意味の単語です。「ここはレンタルを行っている」を「ここでレンタルできる」という表現で表しています。

119 「茶道」は tea ceremony と表します。go to a tea ceremony は「茶道（を体験し）に行く」という意味の表現です。

120 cherry blossoms は「桜の花」のことです。here in spring は「春にここでは」という意味の表現です。

基本コース：❶❷❸／❸ ＝ 各文3回 ☐☐☐

特訓コース：❶❷❸／❸ ＝ 各文10回 ☐☐☐☐☐☐☐☐☐☐

対話にチャレンジ！

115

A **The famous Big Buddha's in that temple.**
あの寺には有名な大仏があります。

B **I've heard about the Big Buddha.**
その大仏については聞いたことがあります。

116

A **That's a popular photo spot.**
あそこの撮影スポットは人気があります。

B **We want to take some photos there, too.**
私たちもあそこで写真を撮りたいです。

117

A **That museum has many important exhibits.**
あの博物館は貴重な展示物が多いです。

B **Is that right?**
そうなんですね。

相手のことばを理解するヒント

115 I've heard about ... は「〜について聞いたことがある」という意味の表現で、I've は I have の短縮形です。have ＋過去分詞は現在完了形と呼ばれ、ここでは「〜したことがある」という自身の経験を表しています。

116 want to do は「〜したい」、take は「（写真を）撮る」という意味で使われています。

117 right は「正しい」という意味で使われています。Is that right? は「そうですか？」「そうなんだね？」と相づちを打つときに使われます。

トレーニング
メニュー

❶ 🕐 英文の意味を理解　　❸ 🎵 リッスン＆リピート

❷ 👥 音声を聞きながら黙読

118

A **You can rent a kimono here.**
ここは着物のレンタルを行っています。

B **My daughter may want to rent one.**
娘がレンタルしたがるかもしれません。

119

A **You can go to a tea ceremony here.**
ここでは茶道を体験できます。

B **That must be interesting.**
きっと面白いでしょうね。

120

A **The cherry blossoms are beautiful here in spring.**
春は桜がきれいです。

B **Sounds amazing.**
素晴らしいですね。

118 daughter は「娘」、may は「～するかもしれない」、rent は「～をレンタルする」という意味の表現です。ここでの one は a kimono を指しています。
119 must be は「～に違いない」、interesting は「面白い」という意味の表現です。
120 It sounds amazing. から It を省略した表現です。sound は「～に聞こえる・思われる」、amazing は「素晴らしい」という意味の単語です。

基本コース：❶❷❸／❸ ＝ 各文3回 ☐ ☐ ☐
特訓コース：❶❷❸／❸ ＝ 各文10回 ☐ ☐ ☐ ☐ ☐ ☐ ☐ ☐ ☐ ☐

無料 Wi-Fi

インターネットでの情報収集は現代人にとって不可欠です。無料 Wi-Fi を提供している場所、接続方法などを説明しましょう。

6つのフレーズを覚えよう！ 🔊 41

121 観光案内所で無料 Wi-Fi を使えます。

122 パスワードはこれです。

123 うまくつながりませんか。

124 （ここでの Wi-Fi 接続方法を）スタッフの人に聞いてみてください。

125 （制限時間の）60分たったら、また接続します。

126 ここには無料 Wi-Fi スポットがありません。

トレーニング
メニュー

① 🕐 英文の意味を理解　　③ 🎧 リッスン＆リピート

② 🔊 音声を聞きながら黙読

There's free Wi-Fi at the Tourist Information Center.

Here's the password.

Can't you connect to it?

Ask one of the staff.

You have to reconnect every hour.

They don't have free Wi-Fi here.

**ワンポイント
アドバイス**

121 free は「無料の」という意味の単語です。「観光案内所」は Tourist Information Center といいます。

122 Here's ... は直訳すると「ここに〜があります」という意味です。何かを相手に見せる、もしくは渡す際に使う表現です。

123 「(電波などを) 〜につなげる」は connect to ... を使って表します。ここでの it は Wi-Fi を指しています。

124 ask は「〜に尋ねる」という意味です。one of the staff は「(複数いる) スタッフのうちの一人に」という意味です。

125 have to do は「〜しなければならない」、reconnect は「再接続する」、every hour は「60分ごとに、1時間ごとに」という表現です。

126 ここでの they は、今いる店などの施設のことを指します。

1 ひとこと

2 駅・街中

3 観光スポット

4 小売店

5 飲食店

6 気持ちを表す

7 もしものとき

基本コース：❶❷❸／❸ ＝ 各文3回 ☐☐☐
特訓コース：❶❷❸／❸ ＝ 各文10回 ☐☐☐☐☐☐☐☐☐☐

対話にチャレンジ！

A **There's free Wi-Fi at the Tourist Information Center.**

121 観光案内所で無料 Wi-Fi を使えます。

B **That's convenient.**

それは便利ですね。

A **Here's the password.**

122 パスワードはこれです。

B **Thank you.**

ありがとう。

A **Can't you connect to it?**

123 うまくつながりませんか。

B **No. I don't know why.**

ええ。なぜだかわかりません。

相手のことばを理解するヒント

121 convenient は「便利だ」という意味の単語です。

123 why「なぜか」の後ろには I can't connect to it「それにつなげることができない」が省略されていると考えてください。

トレーニング
メニュー

❶ 🕐 英文の意味を理解　　❸ 🎵 リッスン＆リピート

❷ 👤 音声を聞きながら黙読

124

A **Ask one of the staff.**

（ここでの Wi-Fi 接続方法を）スタッフの人に聞いてみてください。

B **OK, I'll do that.**

はい、そうします。

125

A **You have to reconnect every hour.**

（制限時間の）60分たったら、また接続します。

B **I see.**

なるほど。

126

A **They don't have free Wi-Fi here.**

ここには無料 Wi-Fi スポットがありません。

B **That's too bad.**

それは残念です。

126 That's too bad. 「それは残念です」は、相手から悩みを聞かされたときなどに、「それはお気の毒です」と同情を示すためにも使える表現です。

基本コース：❶❷❸／❸ ＝ 各文3回 ☐☐☐

特訓コース：❶❷❸／❸ ＝ 各文10回 ☐☐☐☐☐☐☐☐☐☐

（　）に入る語を答えてください。
（　）1つに1語（I'mなどの短縮形を含む）が入ります。

091 （開館時間は）9時から5時までです。

It's (　　) from 9 to 5.

092 今、混んでいます。

It's (　　) now.

093 入場まで30分待ちます。

It'll take 30 minutes to (　　) (　　).

094 （入場料は）大人は1,000円です。

Admission is 1,000 yen for (　　).

095 （入場料は）子供は500円です。

Admission is 500 yen for (　　).

096 私が（入場券を）買いましょうか。

I can buy the tickets (　　) (　　).

097 あそこに英語の無料パンフレットがあります。

There's a (　　) English pamphlet over there.

098 音声ガイドには英語もあります。

There's an English (　　) (　　) as well.

099 音声ガイド機器は受付で借りられます。

You can (　　) the audio devices from the reception.

100 ガイドのアプリがあります。

There's a tour guide (　　).

101 スマホにアプリをインストールします。

(　　) the (　　) on your phone.

102 英語の館内ツアーが午後2時にあります。

There's a (　　) (　　) in English at 2.

103 ゴミ箱は食堂にあります。

There are (　　) (　　) in the dining hall.

104 ここにはゴミ箱はありません。

There (　　) any (　　) (　　) here.

105 トイレは売店の隣にあります。

The restroom's (　　) (　　) the store.

106 ここは和式トイレです。

They have (　　) toilets here.

107 ATMはエレベーターの横にあります。

The ATM is (　　) the elevator.

108 喫煙所はありません。

There isn't a (　　) area.

答え　091 open、092 crowded、093 get in、094 adults、095 children、096 for you、097 free、098 audio guide、099 rent、100 app、101 Install, app、102 guided tour、103 trash cans、104 aren't, trash cans、105 next to、106 Japanese-style、107 by、108 smoking

109	ここは撮影禁止です。	You can't (　　) photographs here.
110	靴をぬいで（中に）入ります。	(　　) (　　) your shoes, then go in.
111	手を触れることはできません。	You're not allowed to (　　) things.
112	ここには入れません。	You can't (　　) (　　) here.
113	この列に並んで待ちます。	Wait in this (　　).
114	午後は雨が降ります。	It's going to (　　) this afternoon.
115	あの寺には有名な大仏があります。	The famous (　　) (　　)'s in that temple.
116	あそこの撮影スポットは人気があります。	That's a popular (　　) spot.
117	あの博物館は貴重な展示物が多いです。	That museum has many important (　　).
118	ここは着物のレンタルを行っています。	You can (　　) a kimono here.
119	ここでは茶道を体験できます。	You can go to a (　　) (　　) here.
120	春は桜がきれいです。	The (　　) (　　) are beautiful here in spring.
121	観光案内所で無料 Wi-Fi を使えます。	There's (　　) (　　) at the Tourist Information Center.
122	パスワードはこれです。	(　　) the password.
123	うまくつながりませんか。	Can't you (　　) to it?
124	（ここでの Wi-Fi 接続方法を）スタッフの人に聞いてみてください。	(　　) one of the staff.
125	（制限時間の）60分たったら、また接続します。	You have to reconnect (　　) hour.
126	ここには無料 Wi-Fi スポットがありません。	They don't (　　) (　　) (　　) here.

小売店で
教えてあげたい・
手伝ってあげたい

22 → 27

22 営業時間・商品の売り場・別店舗への案内

店の前で、買い物に来た外国人旅行者が困っている様子です。営業時間や売り場などを説明しましょう。

6つのフレーズを覚えよう！ 43

127 この店は午前11時に開店します。

128 ここは月曜日は休みです。

129 時計（売場）は2階にあります。

130 この店には英語ができる店員がいます。

131 土産物は近くの店舗にあります。

132 （地図を見せながら）その店舗はここです。

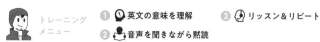

トレーニング
メニュー
❶ 英文の意味を理解　　❸ リッスン＆リピート
❷ 音声を聞きながら黙読

1 ひとこと

2 駅・街中

3 観光スポット

4 小売店

5 飲食店

6 気持ちを表す

7 もしものとき

127 this store「この店」が主語になっている文です。I と we が1人称、you が2人称、それ以外が3人称と呼ばれますが、主語が3人称で単数、なおかつ現在のことを表す文では、opens のように動詞の語尾に -s や -es が付きます。

128 This place は「この場所、この店」、is closed は「閉まっている」、つまり「休みだ」という意味です。on Mondays は「毎週月曜日に」という表現です。Monday の語尾に -s が付いていることに注意してください。

129 ここでの watches は watch「腕時計」の複数形です。

130 English-speaking は「英語を話す」という意味です。

131 souvenir は「土産物」、nearby は「近くに」という意味の単語です。

132 「ここです」と地図上を指差しながらこのセリフを言ってあげてください。

This store opens at 11 a.m.

This place is closed on Mondays.

Watches are on the second floor.

This store has English-speaking staff.

There are souvenir stores nearby.

The store is here.

基本コース：❶❷❸／❸ ＝ 各文3回 ☐☐☐

特訓コース：❶❷❸／❸ ＝ 各文10回 ☐☐☐☐☐☐☐☐☐☐

対話にチャレンジ！

127

A **This store opens at 11 a.m.**
この店は午前11時に開店します。

B **I see. I'll go somewhere else before then.**
なるほど。では、その前に別の場所に行きます。

128

A **This place is closed on Mondays.**
ここは月曜日は休みです。

B **OK, I'll come here on Tuesday, then.**
わかりました。では、火曜日に来ます。

129

A **Watches are on the second floor.**
時計（売場）は2階にあります。

B **Thanks. I'll check it out.**
ありがとう。行ってみます。

相手のことばを理解するヒント

127 somewhere else は「どこか別の場所」、before then は「その前に」という意味の表現です。

128 come here は「ここに来る」。, then は「では」という意味をこの文に付け加えています。

129 check out は「〜を調べる」という意味の表現ですが、ここでは「(時計を) 見に行く」という意味で使われています。また、it「それ」などの代名詞を「見る対象（目的語）」にする場合は、このように check it out という語順になります。

トレーニングメニュー
① 🔊英文の意味を理解　③ 🎵リッスン＆リピート
② 🗣音声を聞きながら黙読

1 ひとこと

2 駅・街中

3 観光スポット

4 小売店

5 飲食店

6 気持ちを表す

7 もしものとき

130

A **This store has English-speaking staff.**

この店には英語ができる店員がいます。

B **That's good.**

それはいいですね。

131

A **There are souvenir stores nearby.**

土産物は近くの店舗にあります。

B **We'll check that place later.**

後でその店に行ってみます。

132

A **The store is here.**

（地図を見せながら）その店舗はここです。

B **It's really close.**

すぐ近くですね。

131 place は「場所、店」、later は「後で」という意味の単語です。
132 really close は「本当に近い」という意味の表現です。

基本コース：❶❷❸／❸ ＝ 各文3回 □□□
特訓コース：❶❷❸／❸ ＝ 各文10回 □□□□□□□□□□

23 | 在庫確認・試着 （在庫の有無、試着の可否）

外国人旅行者に代わって、店員に在庫状況などを確認します。特に希望の商品がない場合の表現を使えるようにしておきましょう。

6つのフレーズを覚えよう！　🔊 45

---

133 この色しかありません。

---

134 これは品切れです。

---

135 明後日入荷します。

---

136 これは新宿店にあります。

---

137 着てみますか。

---

138 あそこで試着できます。

トレーニング
メニュー

❶ 🔍 英文の意味を理解　　❸ 🕐 リッスン＆リピート
❷ 🔊 音声を聞きながら黙読

They only have this color.

They don't have those in stock.

They'll have some the day after tomorrow.

They're available at the Shinjuku store.

Do you want to try it on?

You can try it on over there.

1 ひとこと

2 駅・街中

3 観光スポット

4 小売店

5 飲食店

6 気持ちを表す

7 もしものとき

ワンポイント
アドバイス

133 They only have は「(今いるお店には)〜しかありません」ということを伝える表現です。

134 お互いが話題にしている物がお店で品切れの場合は、この表現をそのまま使うとよいでしょう。in stock は「在庫の、在庫にある」という意味の表現です。

135 ここでの They'll have some は「(品物が)いくらか入荷します」という意味の表現です。the day after tomorrow は「明後日」という意味の表現です。「3日後に」であれば in three days と表します。

136 They're available at ... は「それらは〜にあります」という意味の表現です。at the ... store を使って「〜店に」を表すことができます。

137 Do you want to do ...? は「〜したいですか」という意味の表現です。try on は「〜を試着する」という意味の表現ですが、it「それ」を試着する場合は try it on という語順になります。

138 試着室のある方を指しつつこのように相手に伝えてあげてください。

基本コース：❶❷❸／❸ ＝ 各文3回 □□□

特訓コース：❶❷❸／❸ ＝ 各文10回 □□□□□□□□□□

対話にチャレンジ！

133

A **They only have this color.**
この色しかありません。

B **I see.**
なるほど。

134

A **They don't have those in stock.**
これは品切れです。

B **That's too bad.**
それは残念です。

135

A **They'll have some the day after tomorrow.**
明後日入荷します。

B **OK, I'll come again around that time, then.**
わかりました、ではその頃にまた来ます。

相手のことばを理解するヒント

135　come again は「また来る」、around that time は「その頃に」、, then は「では」という意味の表現です。

トレーニング
メニュー

❶ 💬 英文の意味を理解　　　❸ 🎵 リッスン&リピート
❷ 👥 音声を聞きながら黙読

1 ひとこと

2 駅・街中

3 観光スポット

4 小売店

5 飲食店

6 気持ちを表す

7 もしものとき

136

A **They're available at the Shinjuku store.**
これは新宿店にあります。

B **We might be able to go there.**
そこなら行けるかもしれません。

137

A **Do you want to try it on?**
着てみますか。

B **Yes. / No, that's fine.**
はい。／いいえ、結構です。

138

A **You can try it on over there.**
あそこで試着できます。

B **OK, thanks.**
わかりました、ありがとう。

136 might は「〜かもしれない」、be able to do は「〜することができる」、there は「そこに」という意味の表現です。

137 ここでの that's fine は「（いいえ、）結構です」という意味の表現です。

基本コース： ❶❷❸／❸ ＝ 各文3回 ☐☐☐

特訓コース： ❶❷❸／❸ ＝ 各文10回 ☐☐☐☐☐☐☐☐☐☐

24 決済方法1／クレジット、デビットカード、現金など

支払いの場面です。ここでは、外国人旅行者がクレジットカードを使って支払うのを手伝います。手順は店員の指示にしたがいます。

6つのフレーズを覚えよう！ 🔊 47

---

139 全部で5,000円です。

---

140 支払い方法はどうしますか。

---

141 このカードは使えません。

---

142 ここにサインをしてください。

---

143 暗唱番号を入れてください。

---

144 デビットカードも使えます。

トレーニング
メニュー

① 🕐 英文の意味を理解　　③ 🎧 リッスン＆リピート
② 🗣 音声を聞きながら黙読

1 ひとこと

2 駅・街中

3 観光スポット

4 小売店

5 飲食店

6 気持ちを表す

7 もしものとき

ワンポイント アドバイス

139 That's ... yen. は「〜円です」という意味の表現です。金額のところを必要な数字に入れ替えて使いましょう。

140 How は「どのように」、would you like to do は「〜したいですか」、pay は「支払う」という意味の表現です。

141 ここでの take は「〜を受け入れる」という意味で使われています。

142 「〜してください」と、丁寧にお願いをする場合には、文頭か文末に please を付けるとよいでしょう。

143 enter は「〜を入力する」という意味です。PIN は「暗証番号」のことですが、これは personal identification number を略したものです。

144 デビットカードはクレジットカードと違い、カード払いで使った代金が銀行口座からダイレクトに引き落とされるしくみとなっています。also は「〜も、同様に」、by ... は「〜によって」という意味です。

That's 5,000 yen.

How would you like to pay?

They don't take this card.

Sign here, please.

Please enter your PIN.

You can also pay by debit card.

基本コース：①②③／③ ＝ 各文3回 ☐☐☐

特訓コース：①②③／③ ＝ 各文10回 ☐☐☐☐☐☐☐☐☐☐

139

A **That's 5,000 yen.**
全部で5,000円です。

B **All right.**
わかりました。

140

A **How would you like to pay?**
支払い方法はどうしますか。

B **I'd like to pay by credit.**
クレジットカードにします。

141

A **They don't take this card.**
このカードは使えません。

B **Oh, no. I'll pay in cash, then.**
困ったな。じゃあ、現金で支払います。

相手のことばを理解するヒント

140 I'd like to do は「私は〜したい」、pay by credit は「クレジット（カード）で支払う」という意味の表現です。

141 pay in cash は「現金で支払う」、, then は「それでは」という意味の表現です。

トレーニングメニュー　① 🕐 英文の意味を理解　③ 🎧 リッスン＆リピート　② 🎧 音声を聞きながら黙読

1 ひとこと

2 駅・街中

3 観光スポット

4 小売店

5 飲食店

6 気持ちを表す

7 もしものとき

142

A **Sign here, please.**
ここにサインをしてください。

B **Here, right?**
ここですね。

143

A **Please enter your PIN.**
暗唱番号を入れてください。

B **OK.**
わかりました。

144

A **You can also pay by debit card.**
デビットカードも使えます。

B **I'll pay by debit, then.**
では、デビットで支払います。

---

142 , right? は「〜ですよね」と相手に確認する際に文末に付け足す表現です。
144 pay by debit は「デビット（カード）で支払う」という意味の表現です。

基本コース：①②③／③ ＝ 各文3回 □□□
特訓コース：①②③／③ ＝ 各文10回 □□□□□□□□□□

25 決済方法2／デビットカード、モバイル決済など

支払いの場面の続きです。外国人旅行者がスマホのQRコード決済で支払うのを手伝います。手順は、店員の指示を通訳してあげましょう。

6つのフレーズを覚えよう！ 49

145 （デビットカードなどの）残高が足りません。

146 スマホにQRコードを表示させてください。

147 このQRコードを読み取ってください。

148 この金額を入力してください。

149 画面を見せてください。

150 お支払いが終わりました。

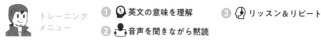

トレーニングメニュー
① 英文の意味を理解
② 音声を聞きながら黙読
③ リッスン＆リピート

There isn't enough balance on your card.

Can I see the QR code on your phone?

Please scan this QR code.

Please enter this amount.

Please show me the screen.

Your payment is completed.

1 ひとこと

2 駅・街中

3 観光スポット

4 小売店

5 飲食店

6 気持ちを表す

7 もしものとき

ワンポイント アドバイス

145 enough balance は「十分な残高」という意味の表現です。ここでは十分な残高が on your card「あなたのカードにくっついている」状態ではない、つまり「カードに残高がない」ということを表しています。

146 Can I see ...? は「(私は) ～を見ることができますか」と伝える表現です。何かを見せてほしいときに使うとよいでしょう。

147 scan は「～を読み取る・スキャンする」という意味の単語です。please は文頭ではなく、, please の形で文末に置いてもよいでしょう。

148 enter は「～を入力する」、amount はここでは「金額」という意味で使われています。

149 スマートフォンなどの「画面」は screen といいます。

150 be completed は「～が完成した・完了した」という表現。payment は「支払い」という意味です。

基本コース：❶❷❸／❸ ＝ 各文3回 □ □ □
特訓コース：❶❷❸／❸ ＝ 各文10回 □ □ □ □ □ □ □ □ □ □

対話にチャレンジ！

145

A **There isn't enough balance on your card.**
（デビットカードなどの）残高が足りません。

B **Oh, no. How about this card?**
困ったな。このカードならどうですか？

146

A **Can I see the QR code on your phone?**
スマホに QR コードを表示させてください。

B **Let's see ...**
どれどれ……。

147

A **Please scan this QR code.**
この QR コードを読み取ってください。

B **OK, I'll try that.**
はい、やってみます。

相手のことばを理解するヒント

145 How about ...? は「〜はいかがですか」と相手に提案や確認をする際に使う表現です。

146 Let's see ... は「どれどれ」や「ええっと」という感じで、何かをこれから見る際に発する表現です。

147 try は「〜を試す」という意味の単語です。

トレーニング
メニュー

① 🕐 英文の意味を理解　　③ 🎵 リッスン＆リピート

② 🔊 音声を聞きながら黙読

1 ひとこと

2 駅・街中

3 観光スポット

4 小売店

5 飲食店

6 気持ちを表す

7 もしものとき

148

A **Please enter this amount.**
この金額を入力してください。

B **It's "two-nine-eight-zero," right?**
「2,980」ですね。

149

Please show me the screen.
画面を見せてください。

B **Here you go.**
どうぞ。

150

A **Your payment is completed.**
お支払いが終わりました。

B **Thank you.**
ありがとう。

---

148 2,980は、普通は two thousand nine hundred eighty と読みますが、ここでは各桁の数字を一つひとつ言うことにより、相手が示した数字を確認する応答になっています。
149 Here you go. は「はい、どうぞ」という意味の表現です。なお、Here we go. と言うと「さあ、行くよ」「さあ、始めるよ」という意味になります。

基本コース：❶❷❸／❸ ＝ 各文3回 ☐☐☐
特訓コース：❶❷❸／❸ ＝ 各文10回 ☐☐☐☐☐☐☐☐☐☐

消費税の免税制度は、外国人旅行者が所定の条件を満たす買い物をすると適用されます。手続きは店員に確認するのが間違いないでしょう。

6つのフレーズを覚えよう！ 🔊 51

151 ここは免税店ではありません。

---

152 銀座店は免税店です。

---

153 パスポートを（店員に）見せてください。

---

154 2階（の免税手続き一括カウンター）で手続きを行います。

---

155 私は免税手続きを知りません。

---

156 店員に聞いてみましょう。

トレーニング
メニュー

① 🕐 英文の意味を理解   ③ 🔊 リッスン＆リピート
② 🔊 音声を聞きながら黙読

This is not a tax-free store.

The Ginza store is tax-free.

Please show your passport to the clerk.

You fill in the tax forms on the second floor.

I don't know about the tax-free procedures.

I'll ask the clerk.

基本コース：❶❷❸／❸ ＝ 各文3回 ☐☐☐

特訓コース：❶❷❸／❸ ＝ 各文10回 ☐☐☐☐☐☐☐☐☐☐

ワンポイント
アドバイス

1 ひとこと

2 駅・街中

3 観光スポット

4 小売店

5 飲食店

6 気持ちを表す

7 もしものとき

151 a tax-free store は「免税店」のことです。

152 tax-free は「免税の、非課税の」という意味の単語です。

153 show something to somebody の語順で「物を人に見せる」という意味になります。clerk は「店員」という意味の単語です。

154 fill in は「〜に記入する」、tax forms は「納税申告用紙」という意味です。fill in は complete（〜にもれなく記入する）などに言い換えることが可能です。

155 I don't know about ... は「私は〜を知りません」という意味の表現です。tax-free procedures は「免税手続き」のことです。

156 I'll は I will の短縮形で「私は〜するつもりです」、ask the clerk は「店員に尋ねる」という意味の表現です。

151

A **This is not a tax-free store.**
ここは免税店ではありません。

B **Oh, I thought it was.**
えっ、免税店かと思っていました。

152

A **The Ginza store is tax-free.**
銀座店は免税店です。

B **I'll shop there, then.**
では、そちらで買います。

153

A **Please show your passport to the clerk.**
パスポートを（店員に）見せてください。

B **OK.**
わかりました。

相手のことばを理解するヒント

151 thought は think「思う」の過去形、it was の後ろには a tax-free store「免税店」が
省略されていると考えてください。
152 ここでの shop は「店」ではなく、「買い物をする」という意味の動詞です。

トレーニング
メニュー

❶ 🕐 英文の意味を理解   ❸ 🎵 リッスン＆リピート

❷ 🗣 音声を聞きながら黙読

154

A **You fill in the tax forms on the second floor.**
2階（の免税手続き一括カウンター）で手続きを行います。

B **OK, I'll go there.**
はい、行ってみます。

155

A **I don't know about the tax-free procedures.**
私は免税手続きを知りません。

B **Is there anyone who can help?**
誰かわかる人はいますか。

156

A **I'll ask the clerk.**
店員に聞いてみましょう。

B **That would be great.**
それはありがたいです。

155 Is there anyone「誰かいますか」の後ろに、人を説明する who から始まる文が続いています。この who は関係代名詞の主格と呼ばれるものです。
156 That would be great. は「そうしてもらえるとありがたいです」「そうだと素晴らしいです」という表現です。

基本コース：❶❷❸／❸ = 各文3回 ☐☐☐
特訓コース：❶❷❸／❸ = 各文10回 ☐☐☐☐☐☐☐☐☐☐

|27 有料の袋、包装

日本では多くの小売店でレジ袋、紙袋などが有料です。買い物のお手伝いをした最後に、有料の袋が必要かなどを確認します。

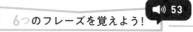

6つのフレーズを覚えよう！ 🔊 53

---

157 袋は必要ですか。

---

158 袋は有料です。

---

159 大は10円、小は5円です。

---

160 すべてを（1つの袋に）一緒に入れていいですか。

---

161 包装しますか。

---

162 （包装などが終わり）商品はこちらです。

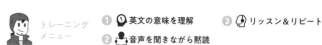

トレーニングメニュー

❶ 🔍 英文の意味を理解
❷ 👤 音声を聞きながら黙読
❸ 🎧 リッスン＆リピート

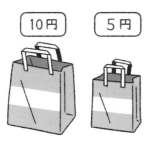

1 ひとこと

2 駅・街中

3 観光スポット

4 小売店

5 飲食店

6 気持ちを表す

7 もしものとき

Do you need a bag?

We charge for shopping bags.

Large bags are 10 yen; small are 5.

Can I put everything together?

Would you like this gift-wrapped?

Here you are.

基本コース：❶❷❸／❸ ＝ 各文3回 ☐☐☐

特訓コース：❶❷❸／❸ ＝ 各文10回 ☐☐☐☐☐☐☐☐☐☐

対話にチャレンジ！

157

A **Do you need a bag?**
袋は必要ですか。

B **Yes, please.**
はい、お願いします。

158

A **We charge for shopping bags.**
袋は有料です。

B **OK.**
わかりました。

159

A **Large bags are 10 yen; small are 5.**
大は10円、小は5円です。

B **Two large bags, please.**
大を2枚ください。

相手のことばを理解するヒント

157 Yes. のみの返答もあるでしょう。袋が不要な場合の返答は No, thanks.「いいえ、結構です」や No. などがよく使われます。

トレーニング
メニュー

① 🕐 英文の意味を理解　　③ 🎵 リッスン＆リピート

② 🗣 音声を聞きながら黙読

A **Can I put everything together?**
すべてを（1つの袋に）一緒に入れていいですか。

160 B **Actually, can you put these in a separate bag?**
ええと、こちらの物は別の袋に入れてもらえますか。

A **Would you like this gift-wrapped?**
包装しますか。

161 B **Yes, please. / No, thanks.**
はい、お願いします。／いいえ、結構です。

A **Here you are.**
（包装などが終わり）商品はこちらです。

162 B **Thanks.**
ありがとう。

---

160 actually は「実は、実際は」という意味の単語ですが、ここでは相手の提案とは違う意向を伝えようとして Actually, ... と切り出しています。separate は「別の」という意味です。
161 157の返答と同じように、Yes. や No. だけの返答もあるでしょう。

基本コース：❶❷❸／❸ = 各文3回 ☐ ☐ ☐
特訓コース：❶❷❸／❸ = 各文10回 ☐ ☐ ☐ ☐ ☐ ☐ ☐ ☐ ☐ ☐

（　　）に入る語を答えてください。
（　　）1つに1語（I'mなどの短縮形を含む）が入ります。

127	この店は午前11時に開店します。	This store (　　) at 11 a.m.
128	ここは月曜日は休みです。	This place is (　　) on Mondays.
129	時計（売場）は2階にあります。	Watches are on the (　　) floor.
130	この店には英語ができる店員がいます。	This store has (　　) staff.
131	土産物は近くの店舗にあります。	There are (　　) stores nearby.
132	（地図を見せながら）その店舗はここです。	The store is (　　).
133	この色しかありません。	They (　　) have this color.
134	これは品切れです。	They don't have those in (　　).
135	明後日入荷します。	They'll (　　) some the day after tomorrow.
136	これは新宿店にあります。	They're (　　) at the Shinjuku store.
137	着てみますか。	Do you want to (　　) (　　) (　　)?
138	あそこで試着できます。	You can (　　) (　　) (　　) over there.
139	全部で5,000円です。	(　　) 5,000 yen.
140	支払い方法はどうしますか。	How would you like to (　　)?
141	このカードは使えません。	They don't (　　) this card.
142	ここにサインをしてください。	(　　) here, please.
143	暗唱番号を入れてください。	Please enter your (　　).
144	デビットカードも使えます。	You can also (　　) (　　) debit card.

答え 127 **opens**、128 **closed**、129 **second**、130 **English-speaking**、131 **souvenir**、132 **here**、133 **only**、134 **stock**、135 **have**、136 **available**、137 **try it on**、138 **try it on**、139 **That's**、140 **pay**、141 **take**、142 **Sign**、143 **PIN**、144 **pay by**

145	（デビットカードなどの）残高が足りません。	There isn't enough (　　) on your card.
146	スマホにQRコードを表示させてください。	Can I see the (　　) (　　) on your phone?
147	このQRコードを読み取ってください。	Please (　　) this QR (　　).
148	この金額を入力してください。	Please enter this (　　).
149	画面を見せてください。	Please show me the (　　).
150	お支払いが終わりました。	Your payment is (　　).
151	ここは免税店ではありません。	This is not a (　　) store.
152	銀座店は免税店です。	The Ginza store (　　) (　　).
153	パスポートを（店員に）見せてください。	Please (　　) your passport to the clerk.
154	2階（の免税手続き一括カウンター）で手続きを行います。	You (　　) (　　) the tax forms on the second floor.
155	私は免税手続きを知りません。	I don't know about the (　　) (　　).
156	店員に聞いてみましょう。	I'll ask the (　　).
157	袋は必要ですか。	Do you (　　) a bag?
158	袋は有料です。	We (　　) for shopping bags.
159	大は10円、小は5円です。	(　　) bags are 10 yen; (　　) are 5.
160	すべてを（1つの袋に）一緒に入れていいですか。	Can I put everything (　　)?
161	包装しますか。	Would you like this (　　)?
162	（包装などが終わり）商品はこちらです。	(　　) you are.

答え 145 balance、146 QR code、147 scan、code、148 amount、149 screen、150 completed、151 tax-free、152 is tax-free、153 show、154 fill in、155 tax-free procedures、156 clerk、157 need、158 charge、159 Large、small、160 together、161 gift-wrapped、162 Here

133

飲食店で
教えてあげたい・
手伝ってあげたい

28 → 34

飲食店を探している人に店の説明をする

街中で飲食店を探している外国人旅行者から声をかけられました。どんな料理を提供する店なのか、入店までの待ち時間などを説明します。

6つのフレーズを覚えよう！ 55

163 ここはそば屋です。

164 ラーメン屋ではありません。

165 この近くには回転ずしの店はありません。

166 ここの値段はリーズナブルです。

167 30分ぐらい待たなければなりません。

168 ここ（ウエイティングリスト）に名前を書きます。

トレーニング メニュー

❶ 英文の意味を理解　　❸ リッスン＆リピート
❷ 音声を聞きながら黙読

This is a soba restaurant.

This isn't a ramen shop.

There aren't any local kaiten-sushi restaurants.

The prices here are reasonable.

Waiting time's about 30 minutes.

Write your name down here.

1 ひとこと

2 駅・街中

3 観光スポット

4 小売店

5 飲食店

6 気持ちを表す

7 もしものとき

ワンポイントアドバイス

163 「そば屋」は soba restaurant といいます。

164 「ラーメン屋」は ramen shop といいます。

165 There aren't any ... は「～は（全く）ありません」という完全な否定を表す表現です。local は「近くの」、kaiten-sushi restaurant は「回転ずしの店」という意味です。

166 the prices here は「ここでの値段」、つまり「ここの値段」を表します。reasonable は「値段がそれほど高くない」という意味の単語です。

167 Waiting time's は Waiting time is のことで「待ち時間は～です」、about 30 minutes は「約30分間」という意味の表現です。

168 write ... down here は「～をここに書く」という意味の表現です。この文のように動詞の原形から始まる文を命令文と呼び、「～しなさい」という意味を表します。

基本コース：❶❷❸／❸ ＝ 各文3回 ☐☐☐

特訓コース：❶❷❸／❸ ＝ 各文10回 ☐☐☐☐☐☐☐☐☐☐

163

A **This is a soba restaurant.**
ここはそば屋です。

B **I want to try soba.**
そばを食べてみたいです。

164

A **This isn't a ramen shop.**
ラーメン屋ではありません。

B **Oh, I couldn't tell the difference.**
ああ、違いがわかりませんでした。

165

A **There aren't any local kaiten-sushi restaurants.**
この近くには回転ずしの店はありません。

B **Where can I find one?**
どこに行けばありますか。

相手のことばを理解するヒント

163 want to do は「〜したい」、try はここでは「（食べ物や飲み物を）試食する、試してみる」という意味で使われています。

164 tell the difference は「違いがわかる」という意味の表現です。

165 find は「〜を見つける」という意味の単語、ここでの one は a kaiten-sushi restaurant「回転ずしの店」のことです。

トレーニング
メニュー

① 🔊 英文の意味を理解   ③ 🔊 リッスン＆リピート
② 🗣 音声を聞きながら黙読

1
ひとこと

2
駅・街中

3
観光スポット

4
小売店

5
飲食店

6
気持ちを表す

7
もしものとき

166

A **The prices here are reasonable.**
ここの値段はリーズナブルです。

B **That's good.**
それはうれしいですね。

167

A **Waiting time's about 30 minutes.**
30分ぐらい待たなければなりません。

B **It must be really popular.**
とても人気があるんですね。

168

A **Write your name down here.**
ここ（ウエイティングリスト）に名前を書きます。

B **Could you write it down for me?**
私の代わりに書いてもらえますか。

---

167 must be は「〜に違いない」、really popular は「本当に人気がある」という意味の表現です。
168 write it down は「それを書き留める」、for me は「私のために」という意味の表現です。

基本コース：❶❷❸／❸ = 各文3回 ☐☐☐
特訓コース：❶❷❸／❸ = 各文10回 ☐☐☐☐☐☐☐☐☐☐

|29 注文1／食券の購入を手伝う（券売機）

飲食店の券売機の前で、外国人旅行者がメニューなどがわからず困っている様子です。食券購入のお手伝いをしましょう。

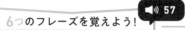

6つのフレーズを覚えよう！　◀》 57

169 購入のお手伝いをしましょうか。

170 何を食べるか決まっていますか。

171 ここに英語のメニューがあります。

172 うどんとそば、どちらにしますか。

173 ここにお金を入れます。

174 食券を店員に渡してください。

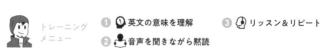

トレーニング
メニュー
① 英文の意味を理解　③ リッスン＆リピート
② 音声を聞きながら黙読

Can I help you buy a ticket?

What do you want to eat?

Here's the English menu.

Do you want udon or soba?

Put your money in here.

Give your ticket to the waiter.

1 ひとこと

2 駅・街中

3 観光スポット

4 小売店

5 飲食店

6 気持ちを表す

7 もしものとき

ワンポイント アドバイス

169 「〜しましょうか」と伝えたいときは Can I ...? を使います。help somebody do は「人が〜するのを手伝う」という意味の表現です。

170 What do you want to do ...? は「あなたは何を〜したいですか」という意味の表現です。want to eat は「〜を食べたい」を表します。

171 Here's ... は Here is ... の短縮形で「ここに〜がある」という意味の表現です。

172 Do you want A or B? は「AとBのどちらにしますか」という意味を表します。

173 put A in は「Aを入れる」、here は「ここに」という意味の表現です。

174 give A to B は「AをBに与える」という意味の表現です。ここでは「AをBに渡す」という意味で使われています。

対話にチャレンジ！

169

A **Can I help you buy a ticket?**
購入のお手伝いをしましょうか。

B **Yes, I'd appreciate that.**
ええ、ありがたいです。

170

A **What do you want to eat?**
何を食べるか決まっていますか。

B **Actually, we haven't decided yet.**
実は、まだなんです。

171

A **Here's the English menu.**
ここに英語のメニューがあります。

B **That's helpful.**
それは助かります。

相手のことばを理解するヒント

169 I'd は I would「私は〜するつもりです」の短縮形、appreciate は「〜に感謝する」という意味の単語です。

170 actually は「実は」、haven't decided は「決めていない」、yet は否定文では「まだ」という意味で使われます。

171 相手の提案がすぐに helpful「助けになる」とわかる場合には、That would be ではなく That's を使って応答します。この That's は That is の短縮形です。

トレーニング
メニュー

1 🕐 英文の意味を理解
2 🗣 音声を聞きながら黙読
3 🎧 リッスン＆リピート

1 ひとこと

2 駅・街中

3 観光スポット

4 小売店

5 飲食店

6 気持ちを表す

7 もしものとき

172

A **Do you want udon or soba?**
うどんとそば、どちらにしますか。

B **I'll have udon.**
うどんにします。

173

A **Put your money in here.**
ここにお金を入れます。

B **OK, here.**
はい、ここですね。

174

A **Give your ticket to the waiter.**
食券を店員に渡してください。

B **Here you go.**
（店員に）お願いします。

172 ここでの have は「～を食べる」という意味で使われています。I'll have は「～を食べるつもりです」という意味になります。

174 Here you go.「はい、どうぞ」は店員さんに食券を渡すなど、何かを手渡す際に使われる表現です。

基本コース：❶❷❸／❸ ＝ 各文3回 ☐☐☐
特訓コース：❶❷❸／❸ ＝ 各文10回 ☐☐☐☐☐☐☐☐☐☐

|30 注文2／注文するものを決める

外国人旅行者が注文する料理を決めるお手伝いをします。苦手な食材などを確認し、また料理に使われる材料や味付けなどを説明します。

6つのフレーズを覚えよう！ ◀)) 59

175 食べられないものはありますか。

176 食物アレルギーはありますか。

177 生の魚は食べられますか。

178 これはブタ肉の料理です。

179 中にエビが入っています。

180 これはしょう油の味です。

トレーニング
メニュー

❶ 🔵 英文の意味を理解　　❸ 🎵 リッスン＆リピート
❷ 🙂 音声を聞きながら黙読

1 ひとこと

2 駅・街中

3 観光スポット

4 小売店

5 飲食店

6 気持ちを表す

7 もしものとき

Is there anything you don't eat?

Do you have any food allergies?

Can you eat raw fish?

This is a pork dish.

It has shrimp in it.

This is soy sauce flavor.

ワンポイント
アドバイス

175 Is there …? は「〜
はありますか」という意
味の表現です。anything
は「何か」を表し、
anything you don't eat
で「あなたが食べられな
い何か」という意味にな
ります。

176 Do you have …?
は「あなたは〜がありま
すか」、any はここでは
「何らかの」という意味
を表しています。
allergies は「アレル
ギー」のことです。発音
に注意してください。

177 Can you …? は
「あなたは〜することが
できますか」という意味
の表現です。raw fish は
「生の魚」です。

178 pork dish は「ブ
タ肉を使った料理」のこ
とです。

179 shrimp は「エビ」
です。in it は「その中に」
を表しています。

180 soy sauce は
「しょう油」、flavor は
「味、風味」です。

基本コース：❶❷❸／❸ ＝ 各文3回 ☐☐☐
特訓コース：❶❷❸／❸ ＝ 各文10回 ☐☐☐☐☐☐☐☐☐☐

対話にチャレンジ！

175

A **Is there anything you don't eat?**
食べられないものはありますか。

B **I can't eat pork.**
ブタ肉が食べられません。

176

A **Do you have any food allergies?**
食物アレルギーはありますか。

B **No, I don't have any. / I'm allergic to peaches.**
いいえ、ありません。／桃のアレルギーです。

177

A **Can you eat raw fish?**
生の魚は食べられますか。

B **Yes. / Actually, I don't really like it.**
はい。／実は、あまり好きではありません。

相手のことばを理解するヒント

175 pork は「ブタ肉」、chicken は「鶏肉」、beef は「牛肉」です。

176 don't have any は「全く持っていない」、be allergic to ... は「〜のアレルギーがある」という意味の表現です。

177 don't really like は「〜を本当に好きだというわけではない」「〜をすごく好きというわけではない」、つまり「〜をあまり好きではない」という意味になります。

トレーニング
メニュー

① 🕐 英文の意味を理解
② 🗣️ 音声を聞きながら黙読
③ 🎧 リッスン＆リピート

1
ひとこと

2
駅・街中

3
観光スポット

4
小売店

5
飲食店

6
気持ちを表す

7
もしものとき

178

A **This is a pork dish.**
これはブタ肉の料理です。

B **Looks delicious.**
おいしそうですね。

179

A **It has shrimp in it.**
中にエビが入っています。

B **I want to try it.**
食べてみたいです。

180

A **This is soy sauce flavor.**
これはしょう油の味です。

B **Do they have miso flavor?**
みそ味はありますか。

178 Looks の前には It 「それは」が省略されていると考えてください。
179 ここでの try は「〜を試しに食べる・飲む」という意味で使われています。
180 they は話者が話題にしているお店のことを指しています。flavor は「味、風味」という意味の単語です。

基本コース：❶❷❸／❸ ＝ 各文3回　□□□
特訓コース：❶❷❸／❸ ＝ 各文10回　□□□□□□□□□□

|31 注文3 ／ 注文を手伝う （店員に注文する）

飲食店で、そばに座った外国人旅行者の注文のお手伝いをします。英語のメニューが用意されていれば、それを使うのが確実です。

6つのフレーズを覚えよう！  61

---

181 注文のお手伝いをしましょうか。

---

182 どれを注文するかを教えてください。

---

183 （注文するものを）このメニューで指してください。

---

184 その料理は売り切れです。

---

185 何人前、注文しますか。

---

186 生ビールと瓶ビール、どちらにしますか。

トレーニングメニュー
1 英文の意味を理解
2 音声を聞きながら黙読
3 リッスン＆リピート

148

1 ひとこと

2 駅・街中

3 観光スポット

4 小売店

5 飲食店

6 気持ちを表す

7 もしものとき

181 help somebody do は「人が〜するのを手伝う」という意味の表現です。order は「注文する」という意味の単語です。

182 What do you want to do …? は「あなたは何を〜したいですか」という意味の表現です。

183 Show me は「私に教えてください」、what you want は「あなたが欲しいもの」を表します。on this menu は「このメニュー上の」という意味です。

184 That's sold out. は「それは売り切れています」という意味の表現です。

185 How many …? は「いくつ〜ですか」と数を尋ねる際に使う表現です。

186 draft beer は「生ビール」、bottled beer は「瓶ビール」のことです。

Can I help you order?

What do you want to order?

Show me what you want on this menu.

That's sold out.

How many do you want?

Do you want draft or bottled beer?

基本コース： ❶❷❸／❸ ＝ 各文3回 ☐☐☐

特訓コース： ❶❷❸／❸ ＝ 各文10回 ☐☐☐☐☐☐☐☐☐☐

対話にチャレンジ！

181

A **Can I help you order?**
注文のお手伝いをしましょうか。

B **Yes, please.**
ええ、お願いします。

182

A **What do you want to order?**
どれを注文するかを教えてください。

B **We'll have one tempura set meal and one sashimi set meal.**
天ぷら定食と刺身定食を1つずつ欲しいです。

183

A **Show me what you want on this menu.**
（注文するものを）このメニューで指してください。

B **This one, and this one.**
これと、これです。

相手のことばを理解するヒント

182 We'll have は We will have の短縮形で、ここでは「〜を注文します」という意味で使われています。... set meal は「〜定食」という意味の表現です。

183 注文するもの、話題にしているものを指差しながら、this one「これ」と言います。

トレーニング
メニュー

① 🕐 英文の意味を理解　　③ 🎵 リッスン＆リピート

② 💬 音声を聞きながら黙読

184

A **That's sold out.**
その料理は売り切れです。

B **That's too bad. I'll have this one, then.**
残念ですね。では、この料理にします。

185

A **How many do you want?**
何人前、注文しますか。

B **We'll have one of these and two of these.**
これは1皿、これは2皿にします。

186

A **Do you want draft or bottled beer?**
生ビールと瓶ビール、どちらにしますか。

B **I want a draft beer.**
生ビールにします。

---

184 , then は「では」という意味を付け加えています。
185 one of these は「この中から1つ」、two of these は「この中から2つ」という意味を表します。
186 draft beer は「生ビール」のことです。「瓶ビール」は bottled beer といいます。

基本コース：❶❷❸／❸ ＝ 各文3回 ☐☐☐
特訓コース：❶❷❸／❸ ＝ 各文10回 ☐☐☐☐☐☐☐☐☐☐

1 ひとこと

2 駅・街中

3 観光スポット

4 小売店

5 飲食店

6 気持ちを表す

7 もしものとき

|32 店内の説明
靴をぬぐ、席に座るなど

外国人旅行者に飲食店の座席などを説明します。座敷を初めて訪れる
人には、どこで靴を脱ぐか、どこに靴を置くかなどを伝えましょう。

6つのフレーズを覚えよう！ 63

187 ここで靴をぬいでください。

188 靴をここに入れてください。

189 1階にいすの席があります。

190 2階は座敷です。

191 ここは禁煙です。

192 トイレは向こうにあります。

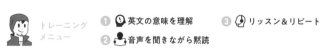

トレーニング
メニュー

❶ 🕐 英文の意味を理解
❷ 🗣 音声を聞きながら黙読
❸ 🎧 リッスン＆リピート

Please take off your shoes here.

Please put your shoes in here.

There are chairs on the first floor.

The second floor is a tatami room.

This is a no-smoking restaurant.

The restroom is over there.

1 ひとこと

2 駅・街中

3 観光スポット

4 小売店

5 飲食店

6 気持ちを表す

7 もしものとき

ワンポイント アドバイス

187 take off は、ここでは「〜をぬぐ」という意味で使われています。

188 put A in は「A を入れる」という意味の表現です。

189 この文は直訳すると「1階にいすがあります」という意味の表現です。

190 tatami room は「座敷」のことです。

191 no-smoking restaurant は「禁煙のレストラン・飲食店」という意味の表現です。

192 「トイレ」は restroom といいます。over there は「向こうに」という意味です。そちらの方を指しながら伝えてあげてください。

基本コース：① ② ③／③ ＝ 各文3回 □□□

特訓コース：① ② ③／③ ＝ 各文10回 □□□□□□□□□□

187

A **Please take off your shoes here.**
ここで靴をぬいでください。

B **OK.**
わかりました。

188

A **Please put your shoes in here.**
靴をここに入れてください。

B **Sure.**
はい。

189

A **There are chairs on the first floor.**
1階にいすの席があります。

B **We prefer chairs.**
いすの方がいいです。

相手のことばを理解するヒント

189 prefer は「(〜よりも) 〜の方がいい」という意味の単語です。prefer A to B で「B よりも A の方がいい」という意味になります。

トレーニング
メニュー
❶ 🕐 英文の意味を理解　　❸ 🎵 リッスン＆リピート
❷ 🔊 音声を聞きながら黙読

1 ひとこと

2 駅・街中

3 観光スポット

4 小売店

5 飲食店

6 気持ちを表す

7 もしものとき

190

A **The second floor is a tatami room.**
2階は座敷です。

B **A tatami room sounds nice, too.**
座敷も良さそうですね。

191

A **This is a no-smoking restaurant.**
ここは禁煙です。

B **That's no problem.**
問題ありません。

192

A **The restroom is over there.**
トイレは向こうにあります。

B **I see.**
わかりました。

190 sound は「〜のように思われる・聞こえる」という意味の単語です。Sounds good.「良さそうですね」も押さえておいてください。
191 No problem. だけの応答も珍しくありません。

基本コース：❶❷❸／❸ ＝ 各文3回 □□□
特訓コース：❶❷❸／❸ ＝ 各文10回 □□□□□□□□□□

出てきた料理を説明する

日本料理などを一緒に食べるケースです。初めて食べる料理であれば、味や食べ方の他、注意点なども伝えてあげましょう。

6つのフレーズを覚えよう！ 🔊 65

193 これはお通しです。

194 これは甘酸っぱいです。

195 これは豆腐でつくったものです。

196 このつゆはてんぷら用です。

197 熱いです、気をつけてください。

198 その魚には小骨があります。

トレーニング
メニュー

❶ 🔵 英文の意味を理解 　 ❸ 🎵 リッスン＆リピート
❷ 🧑 音声を聞きながら黙読

This is the appetizer.

This is sweet and sour.

This is made of tofu.

This dipping sauce is for the tempura.

It's very hot, so be careful.

There are small bones in the fish.

ワンポイント
アドバイス

193 「お通し」は appetizer といいます。
194 sweet and sour は「甘酸っぱい」という意味の単語です。
195 be made of ... は「〜でつくられている」という意味の表現です。「豆腐」は英語でもそのまま tofu です。
196 dipping sauce は「つゆ」のことです。ここでの for ... は「〜用だ」という意味です。
197 be careful は「気をつける」という意味の表現です。Be careful. は「気をつけてください」という意味の命令文になります。
198 bone は「骨」です。

1 ひとこと

2 駅・街中

3 観光スポット

4 小売店

5 飲食店

6 気持ちを表す

7 もしものとき

基本コース：❶❷❸／❸ ＝ 各文3回 □□□
特訓コース：❶❷❸／❸ ＝ 各文10回 □□□□□□□□□□

193

A **This is the appetizer.**
これはお通しです。

B **It looks beautiful.**
美しいですね。

194

A **This is sweet and sour.**
これは甘酸っぱいです。

B **That was nice.**
（食べた後で）好みです。

195

A **This is made of tofu.**
これは豆腐でつくったものです。

B **Interesting.**
興味深いです。

相手のことばを理解するヒント

193 look は「〜に見える」、look at ... は「〜を見る」を表します。
194 That was nice. の他、I like it. という応答もあるでしょう。
195 That's interesting.「それは興味深いです」から That's を省略したものが Interesting.
だと考えてください。

トレーニング
メニュー

① 🕐 英文の意味を理解　　③ ♪ リッスン＆リピート

② 🗣 音声を聞きながら黙読

196

A **This dipping sauce is for the tempura.**
このつゆはてんぷら用です。

B **Oh, I see.**
ああ、なるほど。

197

A **It's very hot, so be careful.**
熱いです、気をつけてください。

B **Thanks for the warning.**
ご忠告をありがとう。

198

A **There are small bones in the fish.**
その魚には小骨があります。

B **OK, I'll be careful.**
わかりました、気をつけます。

197 Thanks for ... 「～をありがとう」は Thank you for ... と表すこともできます。warning は「忠告」という意味の単語です。
198 I'll be careful. は「気をつけます」という意味の表現です。

基本コース：❶❷❸／❸ ＝ 各文3回 　□□□
特訓コース：❶❷❸／❸ ＝ 各文10回 　□□□□□□□□□□

1 ひとこと

2 駅・街中

3 観光スポット

4 小売店

5 飲食店

6 気持ちを表す

7 もしものとき

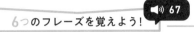

34 | 会計

食事代の支払いについて説明します。店によって会計の場所、キャッシュレス決済の可否などが異なりますので、その店の状況を伝えます。

6つのフレーズを覚えよう! 🔊 67

199 食事は終わりましたか。

200 席で会計ができます。

201 会計をお願いしますか。

202 レジで支払います。

203 現金しか使えません。

204 レシートです。

トレーニング
メニュー

① 🔍 英文の意味を理解
② 🎧 音声を聞きながら黙読
③ 🔁 リッスン&リピート

1 ひとこと

2 駅・街中

3 観光スポット

4 小売店

5 飲食店

6 気持ちを表す

7 もしものとき

Have you finished your meal?

You can pay at the table.

Do you want to pay now?

You pay the cashier.

They only accept cash.

Here's your receipt.

ワンポイント アドバイス

199 Have you finished …? は「（あなたは）〜 は終わりましたか」とい う、相手が動作を完了し たかどうかを尋ねる表現 です（現在完了形）。

200 at the table は 「席で」という意味の表 現です。

201 「そろそろ支払い をして店を出ましょう か」というときに、一緒 にいる人に対して使って あげてください。

202 pay the cashier 「レジで支払う」は pay at the cashier と言うこ とも可能です。

203 only は「〜だけ」 という意味の単語です。 only accept cash は「現 金だけ受け付ける」とい う意味の表現です。

204 Here's … は「〜 をどうぞ」と、相手に何 かを手渡すときに広く使 える表現です。

基本コース：❶❷❸／❸ ＝ 各文3回 ☐☐☐

特訓コース：❶❷❸／❸ ＝ 各文10回 ☐☐☐☐☐☐☐☐☐☐

対話にチャレンジ！

199

ᴀ **Have you finished your meal?**
食事は終わりましたか。

ʙ **Yes, we have. / Not yet.**
はい、終わりました。／いいえ、まだです。

200

ᴀ **You can pay at the table.**
席で会計ができます。

ʙ **That's good.**
よかったです。

201

ᴀ **Do you want to pay now?**
会計をお願いしますか。

ʙ **Yes, please.**
はい、お願いします。

相手のことばを理解するヒント

199 「いいえ」の場合は、Not yet. の他に No, we haven't. と応答することもあるでしょう。
201 すぐに支払いができない場合には、Just a moment, please. 「少し待ってください」
などと応答されるケースもあるでしょう。

トレーニング
メニュー

❶ 🕐 英文の意味を理解　　❸ 🎵 リッスン&リピート

❷ 🗣 音声を聞きながら黙読

1 ひとこと

2 駅・街中

3 観光スポット

4 小売店

5 飲食店

6 気持ちを表す

7 もしものとき

202

A **You pay the cashier.**
レジで支払います。

B **I see.**
わかりました。

203

A **They only accept cash.**
現金しか使えません。

B **That's fine.**
大丈夫です。

204

A **Here's your receipt.**
レシートです。

B **Thank you. That was delicious.**
ありがとう。おいしかったです。

---

204 Thank you. に続けて、That was delicious. 「おいしかったです」などの感想を伝えることがよくあります。

基本コース：❶❷❸／❸ ＝ 各文3回 ☐ ☐ ☐
特訓コース：❶❷❸／❸ ＝ 各文10回 ☐ ☐ ☐ ☐ ☐ ☐ ☐ ☐ ☐ ☐

（　　）に入る語を答えてください。
（　　）1つに1語（I'mなどの短縮形を含む）が入ります。

163 ここはそば屋です。　This is a (　　) restaurant.

164 ラーメン屋ではありません。　This isn't a (　　) shop.

165 この近くには回転ずしの店はありません。　There aren't any local (　　) restaurants.

166 ここの値段はリーズナブルです。　The prices here are (　　).

167 30分ぐらい待たなければなりません。　(　　)(　　)'s about 30 minutes.

168 ここ（ウエイティングリスト）に名前を書きます。　(　　) your name down here.

169 購入のお手伝いをしましょうか。　Can I (　　) you buy a ticket?

170 何を食べるか決まっていますか。　What do you (　　) to eat?

171 ここに英語のメニューがあります。　(　　) the English menu.

172 うどんとそば、どちらにしますか。　Do you want udon (　　) soba?

173 ここにお金を入れます。　(　　) your money in here.

174 食券を店員に渡してください。　(　　) your ticket to the waiter.

175 食べられないものはありますか。　Is there anything you don't (　　)?

176 食物アレルギーはありますか。　Do you have any food (　　)?

177 生の魚は食べられますか。　Can you eat (　　) fish?

178 これはブタ肉の料理です。　This is a (　　) dish.

179 中にエビが入っています。　It has shrimp (　　)(　　).

180 これはしょう油の味です。　This is (　　)(　　) flavor.

答え 163 **soba**、164 **ramen**、165 **kaiten-sushi**、166 **reasonable**、167 **Waiting time**、168 **Write**、169 **help**、170 **want**、171 **Here's**、172 **or**、173 **Put**、174 **Give**、175 **eat**、176 **allergies**、177 **raw**、178 **pork**、179 **in it**、180 **soy sauce**

181	注文のお手伝いをしましょうか。	Can I help you ( )?
182	どれを注文するかを教えてください。	What do you want ( ) ( )?
183	（注文するものを）このメニューで指してください。	( ) me what you want on this menu.
184	その料理は売り切れです。	That's ( ) ( ).
185	何人前、注文しますか。	( ) ( ) do you want?
186	生ビールと瓶ビール、どちらにしますか。	Do you want ( ) or ( ) beer?
187	ここで靴をぬいでください。	Please ( ) ( ) your shoes here.
188	靴をここに入れてください。	Please ( ) your shoes in here.
189	1階にいすの席があります。	There are ( ) on the first floor.
190	2階は座敷です。	The second floor is a ( ) ( ).
191	ここは禁煙です。	This is a ( ) restaurant.
192	トイレは向こうにあります。	The ( ) is over there.
193	これはお通しです。	This is the ( ).
194	これは甘酸っぱいです。	This is ( ) ( ) ( ).
195	これは豆腐でつくったものです。	This is ( ) ( ) tofu.
196	このつゆはてんぷら用です。	This ( ) ( ) is for the tempura.
197	熱いです、気をつけてください。	It's very hot, so ( ) ( ).
198	その魚には小骨があります。	There are ( ) ( ) in the fish.

199	食事は終わりましたか。	Have you ( ) your meal?
200	席で会計ができます。	You ( ) ( ) at the table.
201	会計をお願いしますか。	Do you want to ( ) now?
202	レジで支払います。	You pay the ( ).
203	現金しか使えません。	They only accept ( ).
204	レシートです。	Here's your ( ).

気持ちを表す

35 → 37

35 喜ぶ・励ます・労をねぎらう・驚く

一緒に喜んだり、相手を励ましたり、話を聞いて驚いたり……、自分の感情を伝える表現です。気持ちを込めて言ってみましょう。

6つのフレーズを覚えよう！ 69

205 それはよかったです。

206 私もうれしいです。

207 うまくいきますように。

208 （労をねぎらって）大変でしたね。

209 本当ですか。

210 信じられません。

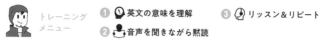

トレーニングメニュー
1 ● 英文の意味を理解
2 ● 音声を聞きながら黙読
3 ● リッスン＆リピート

ワンポイント
アドバイス

1
ひとこと

2
駅・街中

3
観光スポット

4
小売店

5
飲食店

6
気持ちを表す

7
もしものとき

That's good.

Me, too.

Good luck.

What a pain.

Really?

I can't believe it.

205 相手に良いことがあったときなどに、自分も喜んでいることを伝える表現です。
206 相手に同意し、「自分もです」と伝える際に使う表現です。
207 相手がこれから何かをしようとしているときに、それを応援する気持ちを表す表現です。
208 pain は「痛み、苦痛、苦労」という意味の単語です。何かがあって大変だったと言う相手に、使ってあげてください。
209 信じがたいことを聞いたときの、代表的な応答例です。
210 Really? よりも丁寧な応答です。

基本コース：**①②③／③** ＝ 各文3回 ☐☐☐
特訓コース：**①②③／③** ＝ 各文10回 ☐☐☐☐☐☐☐☐☐☐

対話にチャレンジ！

205

A **I was able to get some nice souvenirs.**
いいお土産を買えました。

B **That's good.**
それはよかったです。

206

A **I really enjoy talking with you.**
あなたと話せて、とてもうれしいです。

B **Me, too.**
私もうれしいです。

207

A **I'll follow your directions to get there.**
教えてもらった方法で行ってみます。

B **Good luck.**
うまくいきますように。

相手のことばを理解するヒント

205 be able to ... は「〜できる」、ここでの get は「〜を買う」、souvenirs は「お土産」です。

206 enjoy doing は「〜するのを楽しむ」、talk with you は「あなたと話す」という意味の表現です。

207 follow はここでは「（助言などに）従う」という意味です。your directions は「あなたの指示」、get there は「そこに（目的地に）行く」という意味の表現です。

トレーニングメニュー
❶ 英文の意味を理解　❸ リッスン＆リピート
❷ 音声を聞きながら黙読

1 ひとこと

2 駅・街中

3 観光スポット

4 小売店

5 飲食店

6 気持ちを表す

7 もしものとき

208

A **I got lost and came a long way round.**
道に迷って遠回りをしました。

B **What a pain.**
（労をねぎらって）大変でしたね。

209

A **I think I lost my wallet.**
財布を紛失したようです。

B **Really?**
本当ですか。

210

A **Some people just went in without waiting in line.**
列に並ばずに（観光施設や店に）入っていく人がいました。

B **I can't believe it.**
信じられません。

208 got lost は「道に迷った」、(came) a long way round は「遠回り（して来た）」という意味の表現です。
209 lost は「～を失くした」という意味の単語で、lose「～を失くす」の過去形です。wallet は「財布」のことです。
210 without ... は「～なしに」、wait in line は「列に並ぶ」、without waiting in line で「列に並ぶことなしに、列に並ばないで」という意味になります。

基本コース：❶❷❸／❸ ＝ 各文3回 ☐☐☐
特訓コース：❶❷❸／❸ ＝ 各文10回 ☐☐☐☐☐☐☐☐☐☐

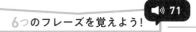

36 | 感謝の言葉に応える・おわびする

説明したり、手伝ったりしてお礼を言われたときの返答です。役に立てなかったときにおわびする表現も押さえましょう。

6つのフレーズを覚えよう！　🔊 71

211 （お礼の言葉に対して）いえいえ。

212 どういたしまして。

213 お役に立てて、うれしいです。

214 お役に立てず、すみません。

215 すみません、（聞かれたことを）あまり知りません。

216 観光案内所で聞いてください。

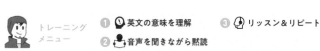

トレーニング
メニュー

① 🔍 英文の意味を理解
② 👤 音声を聞きながら黙読
③ 🔊 リッスン＆リピート

No problem.

You're welcome.

I'm glad I could help.

I'm sorry I couldn't help.

Sorry, I don't know about them.

Please ask at the Tourist Information Center.

1 ひとこと

2 駅・街中

3 観光スポット

4 小売店

5 飲食店

6 気持ちを表す

7 もしものとき

ワンポイント アドバイス

211 文字どおり「問題ありません」と伝える際に使います。

212 welcome は「喜んで受け入れる」という意味。「あなたの行為や言葉を、快くそのまま受け入れます」という気持ちで言ってください。

213 I'm glad「私はうれしいです」の後ろに主語＋動詞から成る文を続けます。I could help は「私が助けることができた」という意味です。

214 I'm sorry「すみません」の後ろに主語＋動詞から成る文を続けます。I'm glad の後ろには could「～することができた」を、I'm sorry の後ろには couldn't「～することができなかった」を続けてみてください。

215 know about ... は「～について知っている」という意味。この them は「相手の話したこと」を表しています。I don't know about that. と言い換えることも可能です。

216 Please ask at ...「～で聞いてください」の後ろに場所を続けます。Tourist Information Center は「観光案内所」です。

基本コース：❶❷❸／❸ ＝ 各文3回 □□□

特訓コース：❶❷❸／❸ ＝ 各文10回 □□□□□□□□□□

対話にチャレンジ！

211

A **Thanks.**
ありがとう。

B **No problem.**
（お礼の言葉に対して）いえいえ。

212

A **Thank you so much.**
どうもありがとう。

B **You're welcome.**
どういたしまして。

213

A **I appreciate your help.**
ご親切に感謝します。

B **I'm glad I could help.**
お役に立てて、うれしいです。

相手のことばを理解するヒント

213 appreciate は「～に感謝する」という意味の単語です。your help の help は「（あなたが）助けてくれたこと」を表しています。

トレーニング
メニュー

① ◯英文の意味を理解　　③ ♪ リッスン＆リピート

② 🗣️音声を聞きながら黙読

214

A **I'm sorry I couldn't help.**
お役に立てず、すみません。

B **Don't worry. We'll be fine.**
気にしないで。何とかなります。

215

A **We want to try a jinriki-sha.**
人力車に乗ってみたいのですが。

B **Sorry, I don't know about them.**
すみません、（聞かれたことを）あまり知りません。

216

A **Please ask at the Tourist Information Center.**
観光案内所で聞いてください。

B **OK. Thanks anyway.**
わかりました。でも、ありがとう。

214 We'll be fine. は「（自分たちは）大丈夫ですよ」ということを伝える表現です。
215 try は「〜を試す・やってみる」という意味の単語です。
216 anyway は「とにかく、いずれにしても」という意味の単語です。

基本コース：❶❷❸／❸ ＝ 各文3回 ☐☐☐
特訓コース：❶❷❸／❸ ＝ 各文10回 ☐☐☐☐☐☐☐☐☐☐

1 ひとこと
2 駅・街中
3 観光スポット
4 小売店
5 飲食店
6 気持ちを表す
7 もしものとき

お礼を辞退する・誘いを断る

説明したり、手伝ったりした後で、謝礼を贈りたいと言われるケースもあるでしょう。相手の気持ちに配慮しながら、謝礼を断る表現です。

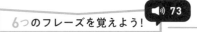

6つのフレーズを覚えよう！

217 あなたのお気持ちはうれしいです。

---

218 でも、お礼は結構です。

---

219 お気持ちだけいただきます。

---

220 （お礼の品は）ありがたいですが、結構です。

---

221 お手伝いするのは当然のことです。

---

222 お会いできてよかったです。

トレーニングメニュー

1 🔍 英文の意味を理解
2 👥 音声を聞きながら黙読
3 🎧 リッスン＆リピート

1
ひとこと

2
駅・街中

3
観光スポット

4
小売店

5
飲食店

6
気持ちを表す

7
もしものとき

That's very kind of you.

But you don't need to thank me.

I appreciate it.

Thank you, but I can't take it.

It's our pleasure.

I'm so glad I met you.

ワンポイントアドバイス

217 相手の心遣いに対してお礼を伝える際に、非常によく使われる表現です。

218 don't need to do ... は「〜する必要がない」という意味。thank は「〜に感謝する」という意味の単語で、すぐ後ろに「人」を表す語句を続けます。

219 appreciate は「〜に感謝する」という意味ですが、後ろには感謝の対象となる「ものごと」が続きます。ここでの it は「相手からの心遣い」を指しています。

220 I can't take it. は「私はそれを持っていけない」、つまり、「お礼の品は結構です」という意味になります。

221 pleasure は「楽しみ」や「喜び」という意味の単語です。It's our pleasure. は「それは私たちの喜びです」、つまり「喜んでやります」、ここでは「喜んでお手伝いします」という意味の表現となります。

222 I'm so glad「私はとてもうれしい」の後ろに、主語+動詞から成る文を続けます。

基本コース：**1** **2** **3** ／ **3** ＝ 各文3回 □ □ □

特訓コース：**1** **2** **3** ／ **3** ＝ 各文10回 □ □ □ □ □ □ □ □ □ □

対話にチャレンジ！

217

A **We'd like to thank you.**
あなたに何かお礼をしたいです。

B **That's very kind of you.**
あなたのお気持ちはうれしいです。

218

A **I'll treat you to something in return.**
お返しに何かごちそうしますよ。

B **But you don't need to thank me.**
でも、お礼は結構です。

219

A **We want to buy you something.**
あなたに何か買ってあげたいです。

B **I appreciate it.**
お気持ちだけいただきます。

相手のことばを理解するヒント

217 We'd like to do は「私たちは〜したい」という意味の表現です。thank は「〜に感謝する」ですが、ここでは「〜にお礼をする」という意味を表しています。
218 treat you to something は「あなたに何かごちそうする」、in return は「お返しに」という意味の表現です。
219 buy something は「何かを買う」、buy you something は「あなたに何かを買ってあげる」です。

トレーニング
メニュー

❶ 🕐 英文の意味を理解　　❸ 🎵 リッスン＆リピート
❷ 🗣 音声を聞きながら黙読

37 お礼を辞退する・誘いを断る

1 ひとこと

2 駅・街中

3 観光スポット

4 小売店

5 飲食店

6 気持ちを表す

7 もしものとき

220

A **This is to cover your travel costs.**
これはあなたの交通費です。

B **Thank you, but I can't take it.**
（お礼の品は）ありがたいですが、結構です。

221

A **Thank you for showing us the way.**
道案内してくれて、本当にありがとう。

B **It's our pleasure.**
お手伝いするのは当然のことです。

222

A **I'm so glad I met you.**
お会いできてよかったです。

B **Oh, me too.**
ええ、こちらこそ。

220 cover はここでは「（費用を）まかなう」という意味です。cover your travel costs を直訳すると「あなたの交通費をまかなう」となります。
221 show us the way は「私たちに道を教える」という意味の表現です。

基本コース：❶❷❸／❸ ＝ 各文3回 ☐☐☐
特訓コース：❶❷❸／❸ ＝ 各文10回 ☐☐☐☐☐☐☐☐☐☐

☑️ **もう一度チェック！**　( ) に入る語を答えてください。
( ) 1つに1語（I'mなどの短縮形を含む）が入ります。

205	それはよかったです。	That's ( ).
206	私もうれしいです。	( ), too.
207	うまくいきますように。	( ) ( ).
208	（労をねぎらって）大変でしたね。	What a ( ).
209	本当ですか。	( )?
210	信じられません。	I can't ( ) it.
211	（お礼の言葉に対して）いえいえ。	( ) ( ).
212	どういたしまして。	( ) ( ).
213	お役に立てて、うれしいです。	I'm ( ) I could help.
214	お役に立てず、すみません。	I'm ( ) I couldn't help.
215	すみません、（聞かれたことを）あまり知りません。	Sorry, I don't ( ) ( ) them.
216	観光案内所で聞いてください。	Please ( ) at the Tourist Information Center.
217	あなたのお気持ちはうれしいです。	That's very ( ) ( ) ( ).
218	でも、お礼は結構です。	But you don't need to ( ) me.
219	お気持ちだけいただきます。	I ( ) it.
220	（お礼の品）ありがたいですが、結構です。	Thank you, but I can't ( ) it.
221	お手伝いするのは当然のことです。	It's our ( ).
222	お会いできてよかったです。	I'm so glad I ( ) you.

答え 205 good、206 Me、207 Good luck、208 pain、209 Really、210 believe、211 No problem、212 You're welcome、213 glad、214 sorry、215 know about、216 ask、217 kind of you、218 thank、219 appreciate、220 take、221 pleasure、222 met

もしものとき

38 → 40

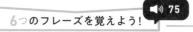

38 所持品を紛失した

パスポートや貴重品を紛失したときは、迅速な行動が必要です。紛失した本人に状況を聞きながら、連絡などを手伝ってあげましょう。

6つのフレーズを覚えよう！ 🔊 75

223 いつ失くしましたか。

224 部屋の中を探しましたか。

225 駅に確認しましたか。

226 駅に保管されていることがあります。

227 駅事務所に連絡してください。

228 大使館に連絡してください。

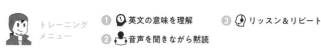

トレーニング
メニュー
❶ 🔵 英文の意味を理解
❷ 音声を聞きながら黙読
❸ 🎵 リッスン＆リピート

When did you lose it?

Did you search your room?

Did you check with the station?

They keep lost items at the station.

Contact the station office.

Contact your embassy.

1 ひとこと

2 駅・街中

3 観光スポット

4 小売店

5 飲食店

6 気持ちを表す

7 もしものとき

ワンポイント
アドバイス

223 lose は「〜 を 失くす」という意味です。

224 search は「〜 の中を探す」という意味です。Have you searched your room? のように現在完了形で表す方が適切ですが、より言いやすくするために、ここでは過去形 Did you ...? を使って表現しています。

225 check with ... は「〜に確認する」という意味です。Have you checked with the station? のように現在完了形で表す方が適切ですが、より言いやすくするために、ここでは過去形 Did you ...? を使って表現しています。

226 ここでの they は「駅に勤める人たち」を表しています。keep は「〜 を 保管する」、lost items は「遺失物」のことです。

227 contact は「〜 に連絡する」、the station office は「駅事務所」です。

228 ここでの your は「あなたの国の」という意味、embassy は「大使館」です。

基本コース：❶❷❸／❸ ＝ 各文3回 □□□
特訓コース：❶❷❸／❸ ＝ 各文10回 □□□□□□□□□□

対話にチャレンジ！

223

A **I think I lost my backpack.**
リュックサックを失くしたようです。

B **When did you lose it?**
いつ失くしましたか。

224

A **Did you search your room?**
部屋の中を探しましたか。

B **Yes, but I couldn't find it.**
ええ、でも、ありませんでした。

225

A **Did you check with the station?**
駅に確認しましたか。

B **Not yet.**
いいえ、まだです。

相手のことばを理解するヒント

223 lost は「〜を失くした」という意味の単語で、lose「〜を失くす」の過去形です。
backpack は「リュックサック」のことです。
224 couldn't は「〜できなかった」、find は「〜を見つける」。ここでの it「それ」は「リュックサック」を指しています。
225 yet は否定文では「まだ（〜していない）」、疑問文では「もう（〜しましたか）」という意味になります。

トレーニング
メニュー

① 🔊 英文の意味を理解　　③ 🎵 リッスン＆リピート
② 🔊 音声を聞きながら黙読

226

A **They keep lost items at the station.**
駅に保管されていることがあります。

B **I want to check with them, then.**
では、確認してみたいです。

227

A **I had my wallet stolen on the train.**
電車内で財布を盗まれました。

B **Contact the station office.**
駅事務所に連絡してください。

228

A **I lost my passport.**
パスポートを失くしてしまいました。

B **Contact your embassy.**
大使館に連絡してください。

226 want to do は「〜したい」、check with ... は「〜に確認する」と言う意味の表現です。文末の , then は「それでは、では」という意味で使われています。
227 had A stolen は「A を盗まれた」という意味の表現です。wallet は「財布」のことです。

基本コース：❶❷❸／❸ ＝ 各文3回 □□□
特訓コース：❶❷❸／❸ ＝ 各文10回 □□□□□□□□□□

39 体調が悪くなった

体調が悪そうな人を見かけたら、その人の具合にもよりますが、早めの対応が望ましいです。周りの人と連携しつつ、声をかけましょう。

6つのフレーズを覚えよう！ 🔊 77

229 熱はありますか。

230 薬を持っていますか。

231 PCR検査を受けますか。

232 マスクをつけてください。

233 歩けますか。

234 病院に行きますか。

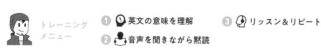

トレーニング
メニュー

① 🔵 英文の意味を理解
② 🧑 音声を聞きながら黙読
③ 🎧 リッスン＆リピート

Do you have a fever?

Do you have any medicine?

How about taking a PCR test?

You need to wear a mask.

Can you walk?

Do you want to see a doctor?

1 ひとこと

2 駅・街中

3 観光スポット

4 小売店

5 飲食店

6 気持ちを表す

7 もしものとき

ワンポイント
アドバイス

229 have a fever は「熱がある」という意味の表現です。

230 any は「何か」、medicine は「薬」という意味の単語です。

231 How about doing? は「〜するのはいかがですか」という表現です。take a PCR test は「PCR検査を受ける」という意味です。

232 need to do は「〜する必要がある」、wear a mask は「マスクを着用する」という意味の表現です。

233 walk は「歩く」という意味の単語です。

234 want to do は「〜したい」、see a doctor は「病院に行く、医者に診てもらう」という意味の表現です。

基本コース：❶❷❸／❸ ＝ 各文3回 ☐☐☐
特訓コース：❶❷❸／❸ ＝ 各文10回 ☐☐☐☐☐☐☐☐☐☐

対話にチャレンジ！

229

A **Do you have a fever?**
熱はありますか。

B **Yes, it's 38.**
はい、38度あります。

230

A **Do you have any medicine?**
薬を持っていますか。

B **I have some aspirin. / I have some acetaminophen.**
痛み止めを持っています。

231

A **How about taking a PCR test?**
PCR 検査を受けますか。

B **Yes, I will. / No, that's fine.**
はい、受けたいです。／いいえ、結構です。

相手のことばを理解するヒント

229 38 (thirty-eight) の後ろでは、degrees Celsius「℃、度」が省略されていると考えてください。

230 aspirin は「鎮痛・解熱剤」、acetaminophen は「鎮痛・解熱剤、アセトアミノフェン」です。

231 that's fine「それは大丈夫です」は肯定的な応答だけでなく、ここでのように「(いいえ、) 結構です」の意味で使われることもあります。

トレーニング
メニュー

① 🔊 英文の意味を理解　　③ 🎵 リッスン&リピート
② 🗣 音声を聞きながら黙読

39 体調 が 悪 く なっ た

1 ひ と こ と

2 駅 ・ 街 中

3 観 光 ス ポ ッ ト

4 小 売 店

5 飲 食 店

6 気 持 ち を 表 す

7 も し も の と き

232

A **You need to wear a mask.**
マスクをつけてください。

B **OK.**
わかりました。

233

A **Can you walk?**
歩けますか。

B **Yes. / No, I can't walk by myself.**
はい。／いいえ、一人では歩けません。

234

A **Do you want to see a doctor?**
病院に行きますか。

B **Yes. / I'll stay in bed and see how it goes.**
はい（、行きたいです）。／しばらく寝て様子を見ます。

233 by myself は「(私) 一人で」という意味の表現です。
234 stay in bed は「寝る、寝たままでいる」、see how it goes は「様子を見る」という意味の表現です。

基本コース：❶❷❸／❸ = 各文3回 ☐☐☐
特訓コース：❶❷❸／❸ = 各文10回 ☐☐☐☐☐☐☐☐☐☐

| 40 災害時

地震が起きたり、津波や台風による被害が予想されたりするときには、
迅速な行動が必須です。一次対応や避難方法などを伝えましょう。

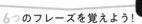

6つのフレーズを覚えよう！ 79

---

235 地震です。ドアを開けてください。

---

236 テーブルの下に入ってください。

---

237 大きな波が来るかもしれません。

---

238 みんなで安全な場所に行きます。

---

239 大きな台風が来ます。

---

240 外出しない方がいいです。

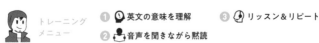

トレーニング
メニュー

❶ 英文の意味を理解
❷ 音声を聞きながら黙読
❸ リッスン＆リピート

It's an earthquake. Open the door.

Get under the table.

There might be a tsunami.

Let's go somewhere safe.

A big typhoon is coming.

You shouldn't go out.

1 ひとこと

2 駅・街中

3 観光スポット

4 小売店

5 飲食店

6 気持ちを表す

7 もしものとき

ワンポイント
アドバイス

235 「地震の揺れ」を感じたことを it で表しています。それをイコールの役割がある is で an earthquake「地震」と結びつけて表しています。

236 この get は「〜の状態になる」という意味で使われています。under the table「テーブルの下に」いる「状態になる」、つまり、「テーブルの下に入る」という意味を表しています。

237 There be「〜がある」に might「〜かもしれない」を入れると、「〜があるかもしれない」という意味になります。tsunami は「津波」のことです。

238 somewhere safe は「どこか安全な場所へ」という意味です。

239 typhoon は「台風」、is coming は「やってきている最中だ」、もしくは「これからやってくる」という意味の表現です。

240 shouldn't は「〜すべきではない」という意味の助動詞で、動詞の原形の前に置きます。go out は「外出する」という意味です。

基本コース：❶❷❸／❸ ＝ 各文3回 ☐☐☐
特訓コース：❶❷❸／❸ ＝ 各文10回 ☐☐☐☐☐☐☐☐☐☐

対話にチャレンジ！

235

A **It's an earthquake. Open the door.**
地震です。ドアを開けてください。

B **OK. It's a big one.**
わかりました。大きいですね。

236

A **Get under the table.**
テーブルの下に入ってください。

B **OK.**
わかりました。

237

A **There might be a tsunami.**
大きな波が来るかもしれません。

B **I'm worried.**
心配です。

相手のことばを理解するヒント

235 ここでの one は earthquake「地震」のことです。
237 be worried は「心配だ」という意味の表現です。

トレーニング
メニュー

❶ 🕐英文の意味を理解   ❸ 🎵リッスン＆リピート

❷ 🔊音声を聞きながら黙読

238

A **Let's go somewhere safe.**
みんなで安全な場所に行きます。

B **I'll follow you.**
あなたについていきます。

239

A **A big typhoon is coming.**
大きな台風が来ます。

B **Is that right?**
本当ですか？

240

A **You shouldn't go out.**
外出しない方がいいです。

B **OK, I'll stay in my hotel today.**
はい、今日はホテルで過ごします。

238　follow は「〜についていく」という意味の単語です。
239　ここでの right は「正しい」、つまり「本当だ」という意味で使われています。Is that right? で「本当ですか？」という意味になります。
240　stay in ... は「〜に滞在する」という意味の表現です。

基本コース：❶❷❸／❸ ＝ 各文3回 ☐ ☐ ☐
特訓コース：❶❷❸／❸ ＝ 各文10回 ☐ ☐ ☐ ☐ ☐ ☐ ☐ ☐ ☐ ☐

（　　）に入る語を答えてください。
（　　）1つに1語（I'mなどの短縮形を含む）が入ります。

223	いつ失くしましたか。	When did you (　　) it?
224	部屋の中を探しましたか。	Did you (　　) your room?
225	駅に確認しましたか。	Did you (　　) with the station?
226	駅に保管されていることがあります。	They (　　) lost items at the station.
227	駅事務所に連絡してください。	Contact the station (　　).
228	大使館に連絡してください。	Contact your (　　).
229	熱はありますか。	Do you have a (　　)?
230	薬を持っていますか。	Do you have any (　　)?
231	PCR 検査を受けますか。	How about (　　) a PCR test?
232	マスクをつけてください。	You need to (　　) a mask.
233	歩けますか。	Can you (　　)?
234	病院に行きますか。	Do you want to see a (　　)?
235	地震です。ドアを開けてください。	It's an (　　). Open the door.
236	テーブルの下に入ってください。	(　　) (　　) the table.
237	大きな波が来るかもしれません。	There might be a (　　).
238	みんなで安全な場所に行きます。	Let's go somewhere (　　).
239	大きな台風が来ます。	A big typhoon is (　　).
240	外出しない方がいいです。	You shouldn't (　　) (　　).

答え 223 **lose**、224 **search**、225 **check**、226 **keep**、227 **office**、228 **embassy**、229 **fever**、230 **medicine**、231 **taking**、232 **wear**、233 **walk**、234 **doctor**、235 **earthquake**、236 **Get under**、237 **tsunami**、238 **safe**、239 **coming**、240 **go out**

W

Y

観光客を助ける英会話

濵﨑潤之輔 （はまさき・じゅんのすけ）

大学・企業研修講師、書籍編集者。早稲田大学政治経済学部経済学科卒業。これまでにTOEIC® L&Rテスト990点（満点）を80回以上取得。現在は明海大学、獨協大学、早稲田大学エクステンションセンターなど全国の大学で講師を務めるかたわら、ファーストリテイリングや楽天銀行、SCSK、エーザイ、オタフクソースといった大手企業でもTOEIC® L&Rテスト対策の研修を行う。主催するセミナーはいつも満席になるほどの人気で、スコアアップだけでなく英語力も身につけたい多くの人たちに支持されている。著書に『改訂版 中学校3年間の英語が1冊でしっかりわかる本』（かんき出版）、『TOEIC® L&Rテスト990点攻略 改訂版』（旺文社）などがあり、監修した書籍も含めると累計90万部以上。

ブログ：独学でTOEIC990点を目指す！：http://independentstudy.blog118.fc2.com/
X（旧Twitter）アカウント：@HUMMER_TOEIC
Instagramアカウント：junnosuke_hamasaki

発行日：2024年3月19日（初版）
　　　　2024年7月4日（第2刷）

著者	濵﨑潤之輔
編集	株式会社アルク出版編集部
編集協力	廣友詞子
翻訳・対話例作成	いしもとあやこ
校正	Peter Branscombe
AD・本文デザイン	二ノ宮 匡（nixinc）
イラスト	ユア
ナレーション	Dominic Allen、 Carolyn Miller
録音・編集	一般財団法人英語教育協議会（ELEC）
DTP	朝日メディアインターナショナル株式会社
印刷・製本	シナノ印刷株式会社
発行人	天野智之
発行所	株式会社アルク
	〒141-0001
	東京都品川区北品川6-7-29
	ガーデンシティ品川御殿山
	Website：https://www.alc.co.jp/

落丁本、乱丁本は弊社にてお取り替えいたしております。Webお問い合わせフォームにてご連絡ください。
https://www.alc.co.jp/inquiry/